(사)한국어문회 주관
한자능력검정시험

자꾸 공부 하고픈 책

5級 500字

모의고사문제집

어문출판사

머 리 말

漢方을 한마디로 말하자면 東洋 醫學이라고 할 수 있다. 아직까지도 이렇게 말하기가 그 속에 담겨진 뜻이 너무나 많기에 漢方을 한마디로 말할 수가 없는 것이 사실이다. 이러한 점이 漢方을 배워서 우리의 생활 속에 적용할 수 있는 기회를 많이 앗아가고 있다. 다른 學問들은 어려운 용어들이 있어도 그 속에 담겨진 뜻을 유추해 낼 수가 있고, 다른 學問들은 더 자세히 알려고 하는 마음이 생길 수 있도록 되어있다.

특히 이 이야기에 많은 관심을 갖고 있어서 필요할 때에 필요한 곳에서 잘 사용할 수 있도록 漢方에 필요한 目錄을 만들어서 필요한 사람들에게 그 用을 찾을 수 있도록 해야 한다고 생각한다.

없는 기운을 찾아 대신해 줄 수 있는 目錄을 가지게 될 것이다.

이 冊으로 工夫하지 않은 분들의 성공을 기원합니다.

편저자 씀

접수방법   ① 접수처방문   ② 인터넷접수

① 접수처방문 ・준비물: 사진2매(3×4)/한자성명/주민등록번호
　　　　　　　　　　　전화번호/주소/우편번호
　　　　　　　・고사장수용인원초과시 조기마감 될 수 있습니다.
　　　　　　　・전국고사장 및 시험문의: 한국어문회 1566-1400
　　　　　　　　　　　　　　　　　　　　　　www.hanja.re.kr

② 인터넷접수 www.hangum.re.kr

◆2003년도 인터넷 원서 접수부터는 이용자약관에 동의하여 회원가입한 분만 인터넷 원서 접수 가능.

◆인터넷회원가입준비물 : 이름, 한자이름, 전화번호, 주소등의 인적사항과 스캔된 본인의 사진이미지

◆먼저 회원가입을 해 놓은 응시자는 인터넷접수일자에 본인의 개인정보 및 사진정보등록 없이 로그인만 하면 바로 접수 가능.

③ 접수시기 ・대략 시험일의 2개월前
　　　　　　・(공인급수 특급~3Ⅱ) ┐ 2, 5, 8, 11월 넷째주 土시행
　　　　　　・(교육급수 4급 ~ 8급) ┘ (교육급수 11時, 공인급수 15時)

한자능력검정시험時 유의사항

1. 수험번호, 주민등록번호, 성명 반드시 기재

2. 검정볼펜 사용 (수정액사용)

3. 신분증 지참 (초등학생은 의료보험증 지참)

4. 답안지 칸에 벗어나지 않도록 작성

5. 답안지 낙서 금지

6. 대표훈음을 기재 (검토할 것)

우량상과 우수상의 시상 기준

급수	총문항(합격점)	우량상		우수상		출제범위
		초등	중등	초등	중등	
5급	100 (70)	85	85	90	90	읽기범위: 8급~5급 쓰기범위: 8급~6급

第1回 한자능력검정시험 5급

(시험시간 : 50분)

시험시작시간　　時　　分
시험종료시간　　時　　分

※다음 漢字語의 讀音을 쓰시오.

1. 念頭(　　)　　2. 價格(　　)
3. 落選(　　)　　4. 改善(　　)
5. 朗讀(　　)　　6. 用件(　　)
7. 冷情(　　)　　8. 規定(　　)
9. 良民(　　)　　10. 見聞(　　)
11. 量産(　　)　　12. 部首(　　)
13. 旅團(　　)　　14. 都賣(　　)
15. 歷代(　　)　　16. 廣橋(　　)
17. 領海(　　)　　18. 變速(　　)
19. 令愛(　　)　　20. 飮福(　　)
21. 料金(　　)　　22. 終局(　　)
23. 類別(　　)　　24. 罪惡(　　)
25. 流失(　　)　　26. 知能(　　)

27. 우리삼촌은 <u>陸軍</u>이다.
　　……………………………（　　）
28. <u>赤色</u> 신호등은 멈추어야 한다.
　　……………………………（　　）
29. <u>禮度</u>가 반듯한 집안으로 딸을 시집보내다.
　　……………………………（　　）
30. 회사에서 <u>重責</u>을 맡고 있다.
　　……………………………（　　）
31. 모든 일에는 <u>理致</u>를 거스를 순 없다.
　　……………………………（　　）
32. 시험합격을 <u>祝願</u> 한다.
　　……………………………（　　）
33. 일 처리에 <u>例外</u>가 있어서는 곤란하다.
　　……………………………（　　）
34. 야산을 깎아서 <u>宅地</u> 개발에 분주하다.
　　……………………………（　　）

※다음 중에서 두음법칙에 적용 되지 않는 것을 고르시오.
〈 두음법칙! 우리말에서 ㄴ,ㄹ이 앞에 오면서 ㅇ,ㄴ으로 바뀌는 현상 〉

35. (　　) : ①年老 ②熱望 ③立場 ④來韓

※다음 漢字의 訓과 音을 쓰시오.

36. 擧(　　)　　37. 漁(　　)
38. 敬(　　)　　39. 開(　　)
40. 許(　　)　　41. 郡(　　)
42. 湖(　　)　　43. 待(　　)
44. 化(　　)　　45. 鼻(　　)
46. 的(　　)　　47. 氷(　　)
48. 傳(　　)　　49. 査(　　)
50. 展(　　)　　51. 耳(　　)
52. 調(　　)　　53. 浴(　　)
54. 養(　　)　　55. 加(　　)
56. 期(　　)　　57. 他(　　)
58. 練(　　)

※다음 밑줄 친 漢字語를 漢字로 쓰시오.

59. 우리 <u>장단</u>에 맞춰 춤을 추자.
　　……………………………（　　）
60. 우리 가족은 <u>고락</u>을 함께 한다.
　　……………………………（　　）
61. 재미있는 <u>문답</u>시간이 돌아왔다.
　　……………………………（　　）
62. 그림은 <u>원근</u>을 잘 살려야 한다.
　　……………………………（　　）
63. 북을 칠 때는 <u>강약</u>을 잘 조절하자.
　　……………………………（　　）

자꾸 공부 하고픈 책 모의고사문제집　　　제1회

64. 공부를 많이 하여 <u>심신</u>이 피로하다.
……………………… (　　　　)

65. 항상 <u>언행</u>을 조심하는 사람이 되자.
……………………… (　　　　)

66. 게임에서 한점차이로 <u>사활</u>이 걸렸다.
……………………… (　　　　)

67. 친구의 곤란한 <u>전후</u>사정을 들어보자.
……………………… (　　　　)

68. 환절기에는 <u>조석</u>으로 기온차가 크다.
……………………… (　　　　)

※다음 뜻에 맞는 漢字語를 漢字로 쓰시오.

69. 주야 (낮과 밤)
……………………… (　　　　)

70. 춘추 (봄과 가을)
……………………… (　　　　)

71. 고금 (예와 지금)
……………………… (　　　　)

72. 다소 (많고 적음)
……………………… (　　　　)

73. 조손 (할아버지와 손자)
……………………… (　　　　)

※(　)에 들어갈 漢字를 찾아 그 번호를 쓰시오.

①光　②各　③命　④種　⑤思
⑥明　⑦別　⑧實　⑨同　⑩原

74. 電(　) 石火　75. 人(　) 在天

76. 公(　) 正大　77. 以(　) 直告

※다음 音은 같으나 뜻이 다른 漢字語를 고르시오.

①結合　②具現　③衣食　④童畫
⑤給料　⑥各道　⑦交流　⑧末路

78. 角度 (　　　)　79. 同和 (　　　)

80. 意識 (　　　)

※다음 뜻에 맞는 漢字語를 찾아 번호를 쓰시오.

①過數　②實畫　③考案
④過勞　⑤寫生　⑥思考

81. 실물을 보고 그대로 그림. … (　　　)

82. 안건을 생각해 냄. ………… (　　　)

83. 일정한 숫자를 넘음. ……… (　　　)

※다음 漢字의 略字(약자)를 쓰시오.

84. 戰(　) 85. 體(　) 86. 號(　)

※같은 뜻의 漢字를 써서 단어를 완성하시오.

87. (　　) - 屋　88. (　　) - 數

89. (　　) - 初

※반대되는 뜻의 漢字를 써서 단어를 완성하시오.

90. (　　) - 着　91. (　　) - 河

92. (　　) - 敗

※다음 訓과 音에 맞는 漢字를 쓰시오.

93. 법　식 (　　)　94. 제목 제 (　　)

95. 날랠 용 (　　)　96. 맑을 청 (　　)

97. 글　장 (　　)

※다음 漢字에서 진하게 표시한 획은 몇 번째 쓰는지 <例>에서 찾아 그 번호를 쓰시오.

①1번째　②2번째　③3번째　④4번째
⑤5번째　⑥6번째　⑦7번째　⑧8번째
⑨9번째　⑩10번째　⑪11번째　⑫12번째

98. (　　)　99. (　　)　100. (　　)

去　效　船

- 6 -

전국한자능력검정시험 5급 답안지(1)

번호	답안란	채점	번호	답안란	채점	번호	답안란	채점	번호	답안란	채점
1			12			23			34		
2			13			24			35		
3			14			25			36		
4			15			26			37		
5			16			27			38		
6			17			28			39		
7			18			29			40		
8			19			30			41		
9			20			31			42		
10			21			32			43		
11			22			33			44		

※뒷면으로 이어짐

──────── 절 취 선 ────────

성명 [   ]

5급 ①

加 (   )　健 (   )　固 (   )　規 (   )
可 (   )　件 (   )　考 (   )　給 (   )
改 (   )　建 (   )　曲 (   )　汽 (   )
去 (   )　輕 (   )　橋 (   )　期 (   )
擧 (   )　競 (   )　救 (   )　技 (   )
　　　　　景 (   )　貴 (   )　吉 (   )

성명 [   ]

5급 ②	冷（　　）	末（　　）	費（　　）
壇（　　）	量（　　）	亡（　　）	比（　　）
談（　　）	領（　　）	買（　　）	鼻（　　）
都（　　）	令（　　）	賣（　　）	氷（　　）
島（　　）	料（　　）	無（　　）	寫（　　）
落（　　）	馬（　　）	倍（　　）	査（　　）

·········· 절 취 선 ··········

전국한자능력검정시험 5급 답안지(2)

번호	답안란	채점	번호	답안란	채점	번호	답안란	채점	번호	답안란	채점
45			59			73			87		
46			60			74			88		
47			61			75			89		
48			62			76			90		
49			63			77			91		
50			64			78			92		
51			65			79			93		
52			66			80			94		
53			67			81			95		
54			68			82			96		
55			69			83			97		
56			70			84			98		
57			71			85			99		
58			72			86			100		

第2回 한자능력검정시험 5급

(시험시간 : 50분) 시험시작시간   時   分
                  시험종료시간   時   分

※다음 漢字語의 讀音을 쓰시오.

1. 關心(   )   2. 賣出(   )
3. 觀光(   )   4. 無形(   )
5. 陸橋(   )   6. 倍加(   )
7. 救急(   )   8. 技法(   )
9. 知己(   )   10. 比重(   )
11. 技能(   ) 12. 寫本(   )
13. 基因(   ) 14. 意思(   )
15. 吉事(   ) 16. 位相(   )
17. 理念(   ) 18. 間選(   )
19. 會談(   ) 20. 船長(   )
21. 當然(   ) 22. 說敎(   )
23. 美德(   ) 24. 萬歲(   )
25. 獨身(   ) 26. 兒名(   )

27. 나는 성격이 <u>明朗</u>하다.
    ………………………… (   )
28. <u>惡筆</u>도 연습을 통해서 글씨를 잘 쓸 수 있다.
    ………………………… (   )
29. 경찰은 <u>善良</u>한 시민을 지킨다.
    ………………………… (   )
30. 벼슬하는 집안에는 <u>家臣</u>이 있었다.
    ………………………… (   )
31. 지원서에 <u>病歷</u>란이 있다.
    ………………………… (   )
32. 단단한 <u>材質</u>의 나무가 쓸모 있다.
    ………………………… (   )
33. 우리 누나는 <u>洗練</u> 되었다.
    ………………………… (   )
34. <u>熱量</u>이 높다고 영양가가 많은 것은 아니다.
    ………………………… (   )

※다음 중에서 "不"의 독음이 틀린 하나를 고르시오.
〈 不 : 아닐 불 / 아닐 부 ※ㄷ, ㅈ앞에서는 "부"로 읽습니다 〉

35. (   ) : ①不動 ②不足 ③不在 ④不孝

※다음 漢字의 訓과 音을 쓰시오.

36. 建(   )   37. 行(   )
38. 格(   )   39. 向(   )
40. 輕(   )   41. 落(   )
42. 祝(   )   43. 固(   )
44. 舊(   )   45. 遠(   )
46. 友(   )   47. 億(   )
48. 任(   )   49. 景(   )
50. 災(   )   51. 局(   )
52. 典(   )   53. 貴(   )
54. 致(   )   55. 葉(   )
56. 改(   )   57. 屋(   )
58. 用(   )

※다음 밑줄 친 漢字語를 漢字로 쓰시오.

59. (공)園 (공)共 (공)式 (공)開 : 무슨 (공)일까요?
    ………………………… (   )
60. 한국은 <u>세계속의</u> 으뜸.
    ………………………… (   )
61. 할아버지 <u>과수원</u>에 간다.
    ………………………… (   )
62. 형은 <u>고등</u>학교에 진학한다.
    ………………………… (   )
63. 오늘 <u>감기</u> 때문에 결석했다.
    ………………………… (   )

자꾸 공부 하고픈 책 모의고사문제집   제2회

64. 방학동안 <u>독서</u>를 많이 해야지.
 ·············· ( )

65. 지루해서 계속 <u>시계</u>만 봐진다.
 ·············· ( )

66. 실수를 해서 <u>체면</u>이 말이 아니다.
 ·············· ( )

67. 공부를 잘 할려면 <u>근성</u>이 있어야 한다.
 ·············· ( )

68. 착한 내 친구는 <u>근래</u>에 보기 드문 학생이다.
 ·············· ( )

※다음 뜻에 맞는 漢字語를 漢字로 쓰시오.

69. 고대 (옛날 시대)
 ·············· ( )

70. 예제 (예로 든 제목)
 ·············· ( )

71. 하복 (여름에 입는 옷)
 ·············· ( )

72. 동화 (아이들의 이야기)
 ·············· ( )

73. 특사 (특별히 파견되는 사신)
 ·············· ( )

※( )에 들어갈 漢字를 찾아 그 번호를 쓰시오.

┌─────────────────────────────┐
│ ①全 ②問 ③朝 ④樂 ⑤惡 │
│ ⑥敗 ⑦同 ⑧交 ⑨不 ⑩己 │
└─────────────────────────────┘

74. 自( )自答   75. 生死苦( )

76. 花( )月夕   77. 文化外( )

※다음 音은 같으나 뜻이 다른 漢字를 고르시오.

┌─────────────────────────────┐
│ ①團 ②展 ③對 ④鮮 ⑤板 │
│ ⑥島 ⑦初 ⑧終 ⑨廣 ⑩命 │
└─────────────────────────────┘

78. 壇( )   79. 待( )

80. 都( )

※다음 漢字語의 뜻을 쓰시오.

81. 實物 : ( )

82. 原料 : ( )

83. 浴室 : ( )

※다음 漢字의 略字(약자)를 쓰시오.

84. 數( ) 85. 畫( ) 86. 藥( )

※같은 뜻의 漢字를 보기에서 골라 번호를 쓰시오.

<보기> ①功 ②競 ③着 ④過 ⑤末 ⑥規

87. ( )－爭   88. ( )－則

89. ( )－去

※반대되는 뜻의 漢字를 써서 단어를 완성하시오.

90. ( )－山   91. ( )－女

92. ( )－弱

※다음 訓과 音에 맞는 漢字를 쓰시오.

93. 이길 승( )   94. 이룰 성( )

95. 줄 선( )   96. 자리 석( )

97. 익힐 습( )

※다음 ㉠획의 쓰는 순서를 골라 번호로 쓰시오.

┌─────────────────────────────────────┐
│ ①1번째 ②2번째 ③3번째 ④4번째 │
│ ⑤5번째 ⑥6번째 ⑦7번째 ⑧8번째 │
│ ⑨9번째 ⑩10번째 ⑪11번째 ⑫12번째 │
└─────────────────────────────────────┘

98. ( ) 99. ( ) 100. ( )

放 地㉠ 郡㉠

- 10 -

■ 사단법인 한국어문회・한자능력검정회 주관

수험번호 □□□-□□-□□□□ 성명 □□□□□
주민등록번호 □□□□□□-□□□□□□□
※ 유성 싸인펜, 붉은색 필기구 사용 불가.
※답안지는 컴퓨터로 처리되므로 구기거나 더럽히지 마시고, 정답 칸 안에만 쓰십시오. 글씨가 채점란으로 들어오면 오답처리가 됩니다.

전국한자능력검정시험 5급 답안지(1)

번호	답안란	채점	번호	답안란	채점	번호	답안란	채점	번호	답안란	채점
1			12			23			34		
2			13			24			35		
3			14			25			36		
4			15			26			37		
5			16			27			38		
6			17			28			39		
7			18			29			40		
8			19			30			41		
9			20			31			42		
10			21			32			43		
11			22			33			44		

※뒷면으로 이어짐

·············· 절 취 선 ··············

성명 [   ]

5급 ③	善 ( )	熱 ( )	牛 ( )
思 ( )	示 ( )	葉 ( )	雄 ( )
賞 ( )	案 ( )	屋 ( )	院 ( )
序 ( )	魚 ( )	完 ( )	原 ( )
選 ( )	漁 ( )	曜 ( )	願 ( )
船 ( )	億 ( )	浴 ( )	位 ( )

성명 [   ]

5급 ④

耳（　　　）	貯（　　　）	止（　　　）
因（　　　）	赤（　　　）	唱（　　　）
災（　　　）	停（　　　）	鐵（　　　）
再（　　　）	操（　　　）	初（　　　）
爭（　　　）	終（　　　）	最（　　　）
	罪（　　　）	祝（　　　）

·· 절 취 선 ··

전국한자능력검정시험 5 급 답안지(2)

번호	답안란	채점	번호	답안란	채점	번호	답안란	채점	번호	답안란	채점
45			59			73			87		
46			60			74			88		
47			61			75			89		
48			62			76			90		
49			63			77			91		
50			64			78			92		
51			65			79			93		
52			66			80			94		
53			67			81			95		
54			68			82			96		
55			69			83			97		
56			70			84			98		
57			71			85			99		
58			72			86			100		

第3回 한자능력검정시험 5급

(시험시간 : 50분)　시험시작시간　時　分
　　　　　　　　　시험종료시간　時　分

※다음 漢字語의 讀音을 쓰시오.

1. 敗北(*　　) 2. 比等(　　)
3. 觀客(　　) 4. 倍數(　　)
5. 農具(　　) 6. 奉養(　　)
7. 健全(　　) 8. 銀河(　　)
9. 到來(　　) 10. 神仙(　　)
11. 鐵馬(　　) 12. 善意(　　)
13. 德望(　　) 14. 特許(　　)
15. 相當(　　) 16. 順位(　　)
17. 建軍(　　) 18. 曲線(　　)
19. 課題(　　) 20. 品格(　　)
21. 吉禮(　　) 22. 決勝(　　)
23. 效能(　　) 24. 結末(　　)
25. 示現(　　) 26. 敬老(　　)

27. 젊은 부부는 育兒를 같이 한다.
　　　　　　　　　　　(　　　　　)
28. 사회적으로 상류 계급을 貴族이라 한다.
　　　　　　　　　　　(　　　　　)
29. 삼촌은 漁業을 하신다.
　　　　　　　　　　　(　　　　　)
30. 오늘 점심 給食은 맛있었다.
　　　　　　　　　　　(　　　　　)
31. 나의 보물은 億萬금으로도 바꿀 수 없다.
　　　　　　　　　　　(　　　　　)
32. 이달은 자동차세금을 내는 期間이다.
　　　　　　　　　　　(　　　　　)
33. 수학경시대회에 參加 하였다.
　　　　　　　　　　　(　　　　　)
34. 금속을 불에 가열했다가 急冷하여 식힘.
　　　　　　　　　　　(　　　　　)

※다음 중에서 "樂"의 독음이 틀린 하나를 고르시오.
〈 樂 : 즐길 락 / 노래 악 / 좋아할 요 〉

35. (　　) : ①風樂　②歌樂　③和樂　④國樂

※다음 漢字의 訓과 音을 쓰시오.

36. 說(　　) 37. 號(　　)
38. 性(　　) 39. 美(　　)
40. 洗(　　) 41. 貯(　　)
42. 寫(　　) 43. 着(　　)
44. 初(　　) 45. 因(　　)
46. 競(　　) 47. 橋(　　)
48. 思(　　) 49. 赤(　　)
50. 歲(　　) 51. 畫(　　)
52. 財(　　) 53. 願(　　)
54. 考(　　) 55. 可(　　)
56. 止(　　) 57. 爭(　　)
58. 熱(　　)

※다음 밑줄 친 漢字語를 漢字로 쓰시오.

59. 영어는 문장으로 외운다.
　　　　　　　　　　　(　　　　　)
60. 동생은 계산을 참 잘한다.
　　　　　　　　　　　(　　　　　)
61. 항상 의복을 단정히 입자.
　　　　　　　　　　　(　　　　　)
62. 공놀이는 도로에서 위험해.
　　　　　　　　　　　(　　　　　)
63. 선생님 말씀은 교훈이 된다.
　　　　　　　　　　　(　　　　　)

자꾸 공부 하고픈 책 모의고사문제집　　　　　　　　　　　　제3회

64. 비슷한 물건을 <u>구별</u>해 보자.
……………………… (　　　　　)

65. 우리 우정 <u>영원</u>히 변치 말자.
……………………… (　　　　　)

66. 잘못된 것은 <u>근본</u>적으로 고치자.
……………………… (　　　　　)

67. 복잡한 <u>사회</u>에서 살아 가고 있다.
……………………… (　　　　　)

68. 건강한 정신은 건강한 <u>신체</u>에서!
……………………… (　　　　　)

※다음 뜻에 맞는 漢字語를 漢字로 쓰시오.

69. 청록 (푸름)
……………………… (　　　　　)

70. 해양 (바다)
……………………… (　　　　　)

71. 정원 (뜰과 동산)
……………………… (　　　　　)

72. 영재 (뛰어난 재주)
……………………… (　　　　　)

73. 집합 (모여서 합함)
……………………… (　　　　　)

※(　　)에 들어갈 漢字를 찾아 그 번호를 쓰시오.

| ①心　②約　③死　④土　⑤束 |
| ⑥命　⑦物　⑧宿　⑨費　⑩實 |

74. 見(　　)生心　　75. 九(　　)一生

76. 國(　　)開發　　77. 以(　　)傳心

※다음 音은 같으나 뜻이 다른 漢字語를 고르시오.

| ①船名　②過失　③物件　④變色 |
| ⑤力士　⑥方法　⑦船體　⑧植樹 |

78. 歷史 (　　　)　　79. 果實 (　　　)

80. 鮮明 (　　　)

※다음 뜻에 맞는 漢字語를 찾아 번호를 쓰시오.

| ①公害　②朝禮　③定價 |
| ④害惡　⑤朝使　⑥原價 |

81. 아침 인사. ……………… (　　　　)

82. 정해진 가격. ……………… (　　　　)

83. 공중의 건강과 환경에 미치는 해. … (　　　　)

※다음 漢字의 略字(약자)를 쓰시오.

84. 樂(　　) 85. 對(　　) 86. 圖(　　)

※같은 뜻의 漢字를 써서 단어를 완성하시오.

87. 生 -(　　　) 88. 談 -(　　　)

89. 技 -(　　　)

※반대되는 뜻의 漢字를 써서 단어를 완성하시오.

90. (　　　) - 終　　91. (　　　) - 無

92. (　　　) - 舊

※다음 訓과 音에 맞는 漢字를 쓰시오.

93. 지경 계(　　　) 94. 어제 작(　　　)

95. 높을 고(　　　) 96. 눈 설(　　　)

97. 쌀 미(　　　)

※다음 漢字에서 진하게 표시한 획은 몇 번째 쓰는지 <例>에서 찾아 그 번호를 쓰시오.

| ①1번째　②2번째　③3번째　④4번째 |
| ⑤5번째　⑥6번째　⑦7번째　⑧8번째 |
| ⑨9번째　⑩10번째　⑪11번째　⑫12번째 |

98. (　　　) 99. (　　　) 100. (　　　)

固　　局　　都

- 14 -

전국한자능력검정시험 5급 답안지(1)

번호	답안란	채점	번호	답안란	채점	번호	답안란	채점	번호	답안란	채점
1			12			23			34		
2			13			24			35		
3			14			25			36		
4			15			26			37		
5			16			27			38		
6			17			28			39		
7			18			29			40		
8			19			30			41		
9			20			31			42		
10			21			32			43		
11			22			33			44		

※뒷면으로 이어짐

·· 절 취 선 ··

성명 [   ]

5급 ⑤

致 (   )   卓 (   )   寒 (   )
則 (   )   炭 (   )   許 (   )
他 (   )   板 (   )   湖 (   )
打 (   )   敗 (   )   患 (   )
        河 (   )   黑 (   )

< 약자테스트 > 정답 p30　　　　　　　　　　　　　　　성명 [　　　　　　　　　　　]

區 -(　　　)	號 -(　　　)	樂 -(　　　)	會 -(　　　)
禮 -(　　　)	畫 -(　　　)	發 -(　　　)	世 -(　　　)
醫 -(　　　)	對 -(　　　)	藥 -(　　　)	同 -(　　　)
定 -(　　　)	圖 -(　　　)	戰 -(　　　)	來 -(　　　)
晝 -(　　　)	讀 -(　　　)	體 -(　　　)	數 -(　　　)

·· 절 취 선 ··

전국한자능력검정시험　5급　답안지(2)

번호	답안란	채점	번호	답안란	채점	번호	답안란	채점	번호	답안란	채점
45			59			73			87		
46			60			74			88		
47			61			75			89		
48			62			76			90		
49			63			77			91		
50			64			78			92		
51			65			79			93		
52			66			80			94		
53			67			81			95		
54			68			82			96		
55			69			83			97		
56			70			84			98		
57			71			85			99		
58			72			86			100		

- 16 -

성명 [   ]

第4回   한자능력검정시험   5급

(시험시간 : 50분)   시험시작시간　時　　分
　　　　　　　　　시험종료시간　時　　分

※다음 漢字語의 讀音을 쓰시오.

1. 加重(   )   2. 所望(   )
3. 去來(   )   4. 急賣(   )
5. 健實(   )   6. 奉祝(   )
7. 結局(   )   8. 氷原(   )
9. 輕量(   )   10. 致仕(   )
11. 課外(   )   12. 産業(   )
13. 過信(   )   14. 商術(   )
15. 貴國(   )   16. 序文(   )
17. 念願(   )   18. 獨善(   )
19. 才能(   )   20. 性格(   )
21. 部類(   )   22. 洗車(   )
23. 團地(   )   24. 規約(   )
25. 海島(   )   26. 元首(   )

27. 벽에 <u>落書</u>를 하면 안 된다.
　………………………… (   )
28. 학교 <u>宿題</u>가 너무 많다.
　………………………… (   )
29. 국가간에도 <u>冷戰</u>이 있다.
　………………………… (   )
30. 몇가지 방법을 <u>例示</u>하다.
　………………………… (   )
31. 그 사람은 거짓말을 한 <u>前歷</u>이 있다.
　………………………… (   )
32. 누나는 대학교에 <u>在學</u>중이다.
　………………………… (   )
33. 방학 <u>末期</u>가 되면 숙제를 검토한다.
　………………………… (   )
34. 만 6세에서 만 12세를 <u>兒童</u>이라 한다.
　………………………… (   )

※다음 중에서 "便"의 독음이 틀린 하나를 고르시오.
〈 便 : 편할 편 / 오줌 변 〉

35. (   ) : ①便安 ②便所 ③用便 ④大便

※다음 漢字의 訓과 音을 쓰시오.

36. 士(   )   37. 福(   )
38. 鮮(   )   39. 汽(   )
40. 馬(   )   41. 船(   )
42. 無(   )   43. 都(   )
44. 令(   )   45. 曲(   )
46. 勞(   )   47. 救(   )
48. 料(   )   49. 給(   )
50. 參(   )   51. 案(   )
52. 鐵(   )   53. 黃(   )
54. 位(   )   55. 魚(   )
56. 交(   )   57. 炭(   )
58. 根(   )

※다음 밑줄 친 漢字語를 漢字로 쓰시오.

59. <u>古(대) 近(대) 現(대) 時(대)</u> : 무슨 (대)일까요?
　………………………… (   )
60. 반가운 <u>전화</u>를 받았다.
　………………………… (   )
61. 버스의 <u>노선</u>이 변경되었다.
　………………………… (   )
62. 칭찬 한마디에 <u>용기</u>를 얻다.
　………………………… (   )
63. 위험한 곳은 <u>주의</u> 해야 한다.
　………………………… (   )

64. 이렇게 좋은 낙원이 있었구나!
　　…………………………… (　　　　　　　)

65. 우리 조상의 지혜로움을 본받자.
　　…………………………… (　　　　　　　)

66. 시골 갈 때 입석버스를 타고 갔다.
　　…………………………… (　　　　　　　)

67. 효자는 노모를 정성으로 보살폈다.
　　…………………………… (　　　　　　　)

68. 삼촌은 명약 덕분에 병이 다 나았다.
　　…………………………… (　　　　　　　)

※다음 뜻에 맞는 漢字語를 漢字로 쓰시오.

69. 반성 (돌이켜 살핌)
　　…………………………… (　　　　　　　)

70. 집계 (모아서 합계함)
　　…………………………… (　　　　　　　)

71. 속도 (빠르기의 정도)
　　…………………………… (　　　　　　　)

72. 수림 (나무가 우거진 숲)
　　…………………………… (　　　　　　　)

73. 운명 (필연적이고 초월적인 힘)
　　…………………………… (　　　　　　　)

※(　　)에 들어갈 漢字를 찾아 그 번호를 쓰시오.

①老　②亡　③姓　④水　⑤文
⑥手　⑦失　⑧方　⑨元　⑩放

74. 同(　　)同本　75. 生(　　)病死

76. 自(　　)成家　77. 一(　　)通行

※다음 音은 같으나 뜻이 다른 漢字를 고르시오.

①相　②量　③堂　④院　⑤要
⑥養　⑦比　⑧旅　⑨決　⑩責

78. 良(　　)　79. 費(　　)

80. 賞(　　)

※다음 漢字語의 뜻을 쓰시오.

81. 固定：(　　　　　　　　　　)

82. 再活：(　　　　　　　　　　)

83. 苦待：(　　　　　　　　　　)

※다음 漢字의 略字(약자)를 쓰시오.

84. 讀(　　) 85. 萬(　　) 86. 發(　　)

※같은 뜻의 漢字를 보기에서 골라 번호를 쓰시오.

<보기> ①河　②規　③着　④化　⑤敗　⑥終

87. 到 -(　　　) 88. 變 -(　　　)

89. 法 -(　　　)

※반대되는 뜻의 漢字를 써서 단어를 완성하시오.

90. 心 -(　　　) 91. 前 -(　　　)

92. 長 -(　　　)

※다음 訓과 音에 맞는 漢字를 쓰시오.

93. 공　구(　　　) 94. 고을 군(　　　)

95. 친할 친(　　　) 96. 구분할구(　　　)

97. 따뜻할온(　　　)

※다음 ㉠획의 쓰는 순서를 골라 번호로 쓰시오.

①1번째　②2번째　③3번째　④4번째
⑤5번째　⑥6번째　⑦7번째　⑧8번째
⑨9번째　⑩10번째　⑪11번째　⑫12번째

98. (　　　) 99. (　　　) 100. (　　　)

功㉠　分㉠　道㉠

전국한자능력검정시험 5급 답안지(1)

번호	답안란	채점	번호	답안란	채점	번호	답안란	채점	번호	답안란	채점
1			12			23			34		
2			13			24			35		
3			14			25			36		
4			15			26			37		
5			16			27			38		
6			17			28			39		
7			18			29			40		
8			19			30			41		
9			20			31			42		
10			21			32			43		
11			22			33			44		

※뒷면으로 이어짐

·········· 절 취 선 ··········

성명 [   ]

5Ⅱ ①　結(　)　觀(　)　基(　)
價(　)　敬(　)　廣(　)　念(　)
客(　)　告(　)　具(　)　能(　)
格(　)　課(　)　舊(　)　團(　)
見(　)　過(　)　局(　)　當(　)
決(　)　關(　)　己(　)　德(　)

성명 [   ]

5Ⅱ ②	歷 ( )	望 ( )	史 ( )
到 ( )	練 ( )	法 ( )	士 ( )
獨 ( )	勞 ( )	變 ( )	仕 ( )
朗 ( )	類 ( )	兵 ( )	産 ( )
良 ( )	流 ( )	福 ( )	相 ( )
旅 ( )	陸 ( )	奉 ( )	商 ( )

·············· 절 취 선 ··············

전국한자능력검정시험 5급 답안지(2)

번호	답안란	채점	번호	답안란	채점	번호	답안란	채점	번호	답안란	채점
45			59			73			87		
46			60			74			88		
47			61			75			89		
48			62			76			90		
49			63			77			91		
50			64			78			92		
51			65			79			93		
52			66			80			94		
53			67			81			95		
54			68			82			96		
55			69			83			97		
56			70			84			98		
57			71			85			99		
58			72			86			100		

5級	▷중간점검용◁		정답 93쪽
①	②	③	④
加 ( )	都 ( )	船 ( )	赤 ( )
可 ( )	島 ( )	善 ( )	停 ( )
改 ( )	落 ( )	示 ( )	操 ( )
去 ( )	冷 ( )	案 ( )	終 ( )
擧 ( )	量 ( )	魚 ( )	罪 ( )
健 ( )	領 ( )	漁 ( )	止 ( )
件 ( )	令 ( )	億 ( )	唱 ( )
建 ( )	料 ( )	熱 ( )	鐵 ( )
輕 ( )	馬 ( )	葉 ( )	初 ( )
競 ( )	末 ( )	屋 ( )	最 ( )
景 ( )	亡 ( )	完 ( )	祝 ( )
固 ( )	買 ( )	曜 ( )	致 ( )
考 ( )	賣 ( )	浴 ( )	則 ( )
曲 ( )	無 ( )	牛 ( )	他 ( )
橋 ( )	倍 ( )	雄 ( )	打 ( )
救 ( )	費 ( )	院 ( )	卓 ( )
貴 ( )	比 ( )	原 ( )	炭 ( )
規 ( )	鼻 ( )	願 ( )	板 ( )
給 ( )	氷 ( )	位 ( )	敗 ( )
汽 ( )	寫 ( )	耳 ( )	河 ( )
期 ( )	査 ( )	因 ( )	寒 ( )
技 ( )	思 ( )	災 ( )	許 ( )
吉 ( )	賞 ( )	再 ( )	湖 ( )
壇 ( )	序 ( )	爭 ( )	患 ( )
談 ( )	選 ( )	貯 ( )	黑 ( )

성명 [   ]

5級 II ▷중간점검용◁ 정답 93쪽

①	②	③	④
價（　　）	朗（　　）	洗（　　）	傳（　　）
客（　　）	良（　　）	歲（　　）	展（　　）
格（　　）	旅（　　）	束（　　）	切（　　）
見（　　）	歷（　　）	首（　　）	節（　　）
決（　　）	練（　　）	宿（　　）	店（　　）
結（　　）	勞（　　）	順（　　）	情（　　）
敬（　　）	類（　　）	識（　　）	調（　　）
告（　　）	流（　　）	臣（　　）	卒（　　）
課（　　）	陸（　　）	實（　　）	種（　　）
過（　　）	望（　　）	兒（　　）	週（　　）
關（　　）	法（　　）	惡（　　）	州（　　）
觀（　　）	變（　　）	約（　　）	知（　　）
廣（　　）	兵（　　）	養（　　）	質（　　）
具（　　）	福（　　）	要（　　）	着（　　）
舊（　　）	奉（　　）	友（　　）	參（　　）
局（　　）	史（　　）	雨（　　）	責（　　）
己（　　）	士（　　）	雲（　　）	充（　　）
基（　　）	仕（　　）	元（　　）	宅（　　）
念（　　）	産（　　）	偉（　　）	品（　　）
能（　　）	相（　　）	以（　　）	必（　　）
團（　　）	商（　　）	任（　　）	筆（　　）
當（　　）	鮮（　　）	材（　　）	害（　　）
德（　　）	仙（　　）	財（　　）	化（　　）
到（　　）	說（　　）	的（　　）	效（　　）
獨（　　）	性（　　）	典（　　）	凶（　　）

第5回 한자능력검정시험 5급

(시험시간 : 50분)

※다음 漢字語의 讀音을 쓰시오.

1. 便所(*   )
2. 雲雨(   )
3. 加速(   )
4. 要約(   )
5. 競賣(   )
6. 書類(   )
7. 參考(   )
8. 鼻祖(   )
9. 課題(   )
10. 史話(   )
11. 汽船(   )
12. 産母(   )
13. 愛己(   )
14. 展開(   )
15. 敎壇(   )
16. 赤化(   )
17. 團體(   )
18. 死因(   )
19. 筆談(   )
20. 後任(   )
21. 束獨(   )
22. 今週(   )
23. 調練(   )
24. 終着(   )
25. 說明(   )
26. 祝典(   )

27. 육체적 勞動은 힘들다. ……………( )
28. 석탄·숯 따위를 저장하는 것을 貯炭이라 한다. ……………( )
29. 열을 내는 것을 發熱이라 한다. ……………( )
30. 남한은 삼팔선 以南쪽이다. ……………( )
31. 도시에서는 아파트를 좋아하는 性向이다. ……………( )
32. 승자도 敗者도 모두 애쓴 경기. ……………( )
33. 나이 육십을 耳順이라 한다. ……………( )
34. 골인 시킨 선수가 英雄이 되다. ……………( )
35. 감기로 病院에 가다. ……………( )

※다음 漢字의 訓과 音을 쓰시오.

36. 質(   )
37. 善(   )
38. 唱(   )
39. 責(   )
40. 比(   )
41. 望(   )
42. 島(   )
43. 買(   )
44. 賞(   )
45. 罪(   )
46. 樹(   )
47. 再(   )
48. 醫(   )
49. 技(   )
50. 最(   )
51. 京(   )
52. 種(   )
53. 黑(   )
54. 完(   )
55. 選(   )
56. 曜(   )
57. 倍(   )
58. 材(   )

※다음 밑줄 친 漢字語를 漢字로 쓰시오.

59. 우리 할머니는 의씨, 엄마는 박씨, 나는 김가이다. ……………(,   ,   )
60. 매일 일기를 쓰고 잔다. ……………( )
61. 저축을 하러 은행에 갔다. ……………( )
62. 우선 가정 교육이 중요하다. ……………( )
63. 나의 표현 방법은 정직하다. ……………( )
64. 건널목에서 신호를 잘 지키자. ……………( )

65. 화재진압시 <u>인명</u>을 소중히 여긴다.

.... (　　　　　)

66. 오늘은 대개 <u>운수</u>가 좋은 날이다.

.... (　　　　　)

67. 성공 뒤에는 <u>과연</u> 노력이 뒤따랐다.

.... (　　　　　)

68. 뜨거운 <u>태양</u>을 받으며 일광욕을 하다.

.... (　　　　　)

※다음 뜻에 맞는 漢字語를 漢字로 쓰시오.

69. 양복 (서양의 옷)

.... (　　　　　)

70. 실신 (정신을 잃음)

.... (　　　　　)

71. 농업 (농사짓는 일)

.... (　　　　　)

72. 약초 (약이 되는 풀)

.... (　　　　　)

73. 창문 (벽에 낸 작은 문)

.... (　　　　　)

※(　)에 들어갈 漢字를 찾아 그 번호를 쓰시오.

| ①問　②族　③聞　④足　⑤前 |
| ⑥口　⑦高　⑧位　⑨行　⑩戰 |

74. 民(　　) 正氣　**75.** 不(　　) 曲直

76. 有(　　) 無言　**77.** 百(　　) 百勝

※다음 音은 같으나 뜻이 다른 漢字語를 고르시오.

| ①工事　②曜日　③過去　④要領 |
| ⑤科落　⑥告知　⑦重任　⑧具體 |

78. 高地 (　　)　**79.** 公社 (　　)

80. 科學 (　　)

※다음 뜻에 맞는 漢字語를 찾아 번호를 쓰시오.

| ①日氣　②凶計　③原文 |
| ④吉日　⑤惡習　⑥文章 |

81. 나쁜 풍습. .... (　　　　)

82. 본디의 글. .... (　　　　)

83. 좋은 날. .... (　　　　)

※다음 漢字의 略字(약자)를 쓰시오.

84. 醫(　　) **85.** 晝(　　) **86.** 學(　　)

※같은 뜻의 漢字를 써서 단어를 완성하시오.

87. 費 - (　　) **88.** 偉 - (　　)

89. 兒 - (　　)

※반대되는 뜻의 漢字를 써서 단어를 완성하시오.

90. (　　) - 末 **91.** (　　) - 他

92. (　　) - 害

※다음 訓과 音에 맞는 漢字를 쓰시오.

93. 있을 재(　　) **94.** 통할 통(　　)

95. 느낄 감(　　) **96.** 새 신(　　)

97. 누를 황(　　)

※다음 漢字에서 진하게 표시한 획은 몇 번째 쓰는지 <例>에서 찾아 그 번호를 쓰시오.

| ①1번째　②2번째　③3번째　④4번째 |
| ⑤5번째　⑥6번째　⑦7번째　⑧8번째 |
| ⑨9번째　⑩10번째　⑪11번째　⑫12번째 |

98. (　　) **99.** (　　) **100.** (　　)

變　健　可

전국한자능력검정시험 5급 답안지(1)

번호	답안란	채점	번호	답안란	채점	번호	답안란	채점	번호	답안란	채점
1			12			23			34		
2			13			24			35		
3			14			25			36		
4			15			26			37		
5			16			27			38		
6			17			28			39		
7			18			29			40		
8			19			30			41		
9			20			31			42		
10			21			32			43		
11			22			33			44		

※뒷면으로 이어짐

·········· 절 취 선 ··········

성명 [   ]

5Ⅱ ③

	歲 ( )	臣 ( )	要 ( )
鮮 ( )	束 ( )	實 ( )	友 ( )
仙 ( )	首 ( )	兒 ( )	雨 ( )
說 ( )	宿 ( )	惡 ( )	雲 ( )
性 ( )	順 ( )	約 ( )	元 ( )
洗 ( )	識 ( )	養 ( )	偉 ( )

성명 [   ]

5Ⅱ ④	典 ( )	情 ( )
以 ( )	傳 ( )	調 ( )
任 ( )	展 ( )	卒 ( )
材 ( )	切 ( )	種 ( )
財 ( )	節 ( )	週 ( )
的 ( )	店 ( )	州 ( )

············· 절 취 선 ·············

전국한자능력검정시험 5급 답안지(2)

번호	답안란	채점	번호	답안란	채점	번호	답안란	채점	번호	답안란	채점
45			59			73			87		
46			60			74			88		
47			61			75			89		
48			62			76			90		
49			63			77			91		
50			64			78			92		
51			65			79			93		
52			66			80			94		
53			67			81			95		
54			68			82			96		
55			69			83			97		
56			70			84			98		
57			71			85			99		
58			72			86			100		

第6回 한자능력검정시험 5급

(시험시간 : 50분) 시험시작시간　時　　分
시험종료시간　時　　分

※ 다음 漢字語의 讀音을 쓰시오.

1. 用便(*　　)   2. 實習(　　)
3. 不動(*　　)   4. 案內(　　)
5. 改良(　　)   6. 敎養(　　)
7. 道具(　　)   8. 葉書(　　)
9. 合格(　　) 10. 草屋(　　)
11. 意見(　　) 12. 完成(　　)
13. 決心(　　) 14. 要望(　　)
15. 告白(　　) 16. 友情(　　)
17. 固有(　　) 18. 雨期(　　)
19. 親舊(　　) 20. 雲海(　　)
21. 形局(　　) 22. 雄大(　　)
23. 給油(　　) 24. 所願(　　)
25. 都市(　　) 26. 元金(　　)

27. 배낭여행으로 시골에 當到하였다.
　　　　　　　　　（　　　　）
28. 사람마다 地位가 다르다.
　　　　　　　　　（　　　　）
29. 겨울엔 結氷 구간이 많다.
　　　　　　　　　（　　　　）
30. 우리 민족의 偉力을 보여주자.
　　　　　　　　　（　　　　）
31. 이력서에는 賞歷도 적는다.
　　　　　　　　　（　　　　）
32. 남의 耳目을 두려워말자.
　　　　　　　　　（　　　　）
33. 상품을 팔아 이익을 얻는 것이 商業이다.
　　　　　　　　　（　　　　）
34. 북한은 삼팔선 以北에 있다.
　　　　　　　　　（　　　　）
35. 노점상은 團束의 대상이다.

※ 다음 漢字의 訓과 音을 쓰시오.

36. 示(　　)   37. 番(　　)
38. 識(　　)   39. 度(　　)
40. 去(　　)   41. 費(　　)
42. 健(　　)   43. 苦(　　)
44. 終(　　)   45. 類(　　)
46. 談(　　)   47. 筆(　　)
48. 牛(　　)   49. 害(　　)
50. 觀(　　)   51. 患(　　)
52. 廣(　　)   53. 件(　　)
54. 吉(　　)   55. 末(　　)
56. 壇(　　)   57. 亡(　　)
58. 領(　　)

※ 다음 밑줄 친 漢字語를 漢字로 쓰시오.

59. 美(국) 中(국) 韓(국) 英(국) : 무슨 (국)일까요?
　　　　　　　　　（　　　　）
60. 일본은 가까이 있다.
　　　　　　　　　（　　　　）
61. 일본의 수도는 동경이다.
　　　　　　　　　（　　　　）
62. 아시아는 황색 인종이 많다.
　　　　　　　　　（　　　　）
63. 비가 작년보다 많이 내렸다.
　　　　　　　　　（　　　　）
64. 방학숙제를 전부 다 마쳤다.
　　　　　　　　　（　　　　）

자꾸 공부 하고픈 책 모의고사문제집   제6회

65. 우리나라 전자 제품이 최고다.
  ·····························(   )

66. 나라를 위하여 싸우다 전사했다.
  ·····························(   )

67. 삼촌은 주간에 일하고 밤에 공부한다.
  ·····························(   )

68. 고집불통으로 식음을 전폐하고 누웠다.
  ·····························(   )

※다음 뜻에 맞는 漢字語를 漢字로 쓰시오.

69. 평화 (평온하고 화목함)
  ·····························(   )

70. 훈방 (잘 가르쳐서 풀어 놓아줌)
  ·····························(   )

71. 직각 (서로 수직인 두 직선이 이루는 각)
  ·····························(   )

72. 의학 (질병의 치료·예방을 연구하는 학문)
  ·····························(   )

73. 외계 (사람·사물등을 둘러싸고 있는 모든 것)
  ·····························(   )

※( )에 들어갈 漢字를 찾아 그 번호를 쓰시오.

| ①才 ②前 ③州 ④主 ⑤材 |
| ⑥名 ⑦明 ⑧展 ⑨大 ⑩力 |

74. 無( )空山   75. 寒冷( )線

76. 多( )多能   77. 淸風( )月

※다음 音은 같으나 뜻이 다른 漢字를 고르시오.

| ①過 ②關 ③充 ④則 ⑤卓 |
| ⑥仙 ⑦祝 ⑧致 ⑨紙 ⑩宅 |

78. 課( )   79. 知( )

80. 船( )

※다음 漢字語의 뜻을 쓰시오.

81. 因果 : (   )

82. 發着 : (   )

83. 自他 : (   )

※다음 漢字의 略字(약자)를 쓰시오.

84. 區( ) 85. 同( ) 86. 來( )

※같은 뜻의 漢字를 보기에서 골라 번호를 쓰시오.
<보기> ①奉 ②兵 ③任 ④思 ⑤落 ⑥善

87. ( ) - 卒   88. ( ) - 仕

89. ( ) - 考

※반대되는 뜻의 漢字를 써서 단어를 완성하시오.

90. ( ) - 近   91. ( ) - 孫

92. ( ) - 夕

※다음 訓과 音에 맞는 漢字를 쓰시오.

93. 뿌리 근( )   94. 집 당( )

95. 짧을 단( )   96. 그림 도( )

97. 대할 대( )

※다음 ㉠획의 쓰는 순서를 골라 번호로 쓰시오.

| ①1번째 ②2번째 ③3번째 ④4번째 |
| ⑤5번째 ⑥6번째 ⑦7번째 ⑧8번째 |
| ⑨9번째 ⑩10번째 ⑪11번째 ⑫12번째 |

98. ( )   99. ( )   100. ( )

代 民 火

- 28 -

전국한자능력검정시험 5급 답안지(1)

번호	답안란	채점	번호	답안란	채점	번호	답안란	채점	번호	답안란	채점
1			12			23			34		
2			13			24			35		
3			14			25			36		
4			15			26			37		
5			16			27			38		
6			17			28			39		
7			18			29			40		
8			19			30			41		
9			20			31			42		
10			21			32			43		
11			22			33			44		

※뒷면으로 이어짐

·········· 절 취 선 ··········

성명 [   ]

5Ⅱ ⑤

知 (   )   責 (   )   筆 (   )

質 (   )   充 (   )   害 (   )

着 (   )   宅 (   )   化 (   )

參 (   )   品 (   )   效 (   )

                必 (   )   凶 (   )

- 29 -

< 정자테스트 > 정답 p16   성명 [   ]

区 -( )	号 -( )	楽 -( )	会 -( )
礼 -( )	画 -( )	発 -( )	舌 -( )
医 -( )	対 -( )	薬 -( )	仝 -( )
宅 -( )	図 -( )	战 -( )	来 -( )
昼 -( )	読 -( )	体 -( )	数 -( )

·· 절 취 선 ··

전국한자능력검정시험 5 급 답안지(2)

번호	답안란	채점	번호	답안란	채점	번호	답안란	채점	번호	답안란	채점
45			59			73			87		
46			60			74			88		
47			61			75			89		
48			62			76			90		
49			63			77			91		
50			64			78			92		
51			65			79			93		
52			66			80			94		
53			67			81			95		
54			68			82			96		
55			69			83			97		
56			70			84			98		
57			71			85			99		
58			72			86			100		

第7回 한자능력검정시험 5급

(시험시간 : 50분)   시험시작시간   時   分
시험종료시간   時   分

※다음 漢字語의 讀音을 쓰시오.

1. 參萬(*   )
2. 漁場(   )
3. 可決(   )
4. 洋屋(   )
5. 發見(   )
6. 原語(   )
7. 雪景(   )
8. 神位(   )
9. 過多(   )
10. 強調(   )
11. 觀念(   )
12. 主流(   )
13. 救命(   )
14. 食卓(   )
15. 藥局(   )
16. 無效(   )
17. 鐵橋(   )
18. 黑字(   )
19. 舊面(   )
20. 住宅(   )
21. 數量(   )
22. 湖南(   )
23. 旅費(   )
24. 災害(   )
25. 變心(   )
26. 筆記(   )

27. 선수들은 <u>合宿</u> 훈련을 한다.
 .... (   )
28. 잎담배를 <u>葉草</u>라 한다.
 .... (   )
29. 설날에는 <u>德談</u>을 나눈다.
 .... (   )
30. 해변에는 <u>休養</u> 시설이 많다.
 .... (   )
31. <u>學識</u>과 덕망이 높으면 존경을 받는다.
 .... (   )
32. 우리 어머니께서는 <u>料理</u>를 잘하신다.
 .... (   )
33. 회의시간에 <u>案件</u>이 많다.
 .... (   )
34. 나의 꿈을 <u>實現</u> 시켜야지.
 .... (   )
35. <u>校則</u>을 위반해서는 안 된다.
 .... (   )

※다음 漢字의 訓과 音을 쓰시오.

36. 賣(   )
37. 冷(   )
38. 雄(   )
39. 院(   )
40. 店(   )
41. 使(   )
42. 停(   )
43. 規(   )
44. 式(   )
45. 序(   )
46. 約(   )
47. 切(   )
48. 仕(   )
49. 節(   )
50. 相(   )
51. 操(   )
52. 打(   )
53. 卒(   )
54. 堂(   )
55. 終(   )
56. 寒(   )
57. 板(   )
58. 商(   )

※다음 밑줄 친 漢字語를 漢字로 쓰시오.

59. <u>畫(가) 作(가) 美術(가) 音樂(가)</u> 무슨 (가)일까요?
 .... (   )
60. 반드시 <u>성공</u>하고 말꺼야.
 .... (   )
61. 품질에 따라 <u>등급</u>을 매긴다.
 .... (   )
62. 너의 말을 듣고 <u>감동</u> 받았다.
 .... (   )
63. 요즘은 <u>통신</u>이 자유로운 세상.
 .... (   )
64. 방학숙제중 <u>식물</u> 채집이 있다.
 .... (   )

자꾸 공부 하고픈 책 모의고사문제집　　　　　　　　　　　제7회

65. 점점 <u>지구</u>가 뜨거워지고 있다.
………………………… (　　　　　)

66. 여름철의 태양 <u>광선</u>은 따갑다.
………………………… (　　　　　)

67. 부모님이 내 의견을 <u>반대</u>하셨다.
………………………… (　　　　　)

68. 아르바이트로 <u>주유소</u>에서 일한다.
………………………… (　　　　　)

※다음 뜻에 맞는 漢字語를 漢字로 쓰시오.

69. 소화 (불을 끔)
………………………… (　　　　　)

70. 풍향 (바람의 방향)
………………………… (　　　　　)

71. 승전 (싸움에서 이김)
………………………… (　　　　　)

72. 편리 (편하고 이로움)
………………………… (　　　　　)

73. 해군 (바다를 지키는 군사)
………………………… (　　　　　)

※(　　)에 들어갈 漢字를 찾아 그 번호를 쓰시오.

| ①界　②親　③長　④新　⑤紙 |
| ⑥計　⑦社　⑧知　⑨交　⑩重 |

74. 百年大(　　　) 　　75. 晝夜(　　　)川

76. 父子有(　　　) 　　77. 聞一(　　　)十

※다음 音은 같으나 뜻이 다른 漢字語를 고르시오.

| ①古代　②高熱　③質問　④財物 |
| ⑤査定　⑥合唱　⑦再考　⑧再發 |

78. 苦待 (　　　) 　　79. 在告 (　　　)

80. 事情 (　　　)

※다음 뜻에 맞는 漢字語를 찾아 번호를 쓰시오.

| ①當落　　②因果　　③亡者 |
| ④當選　　⑤結果　　⑥死亡 |

81. 죽은 사람. ………………… (　　　　　)

82. 붙고 떨어짐. ………………… (　　　　　)

83. 원인과 결과. ………………… (　　　　　)

※다음 漢字의 略字(약자)를 쓰시오.

84. 禮(　　　) 85. 國(　　　) 86. 會(　　　)

※같은 뜻의 漢字를 써서 단어를 완성하시오.

87. 練 -(　　　) 　　88. 文 -(　　　)

89. 區 -(　　　)

※반대되는 뜻의 漢字를 써서 단어를 완성하시오.

90. 去 -(　　　) 　　91. 曲 -(　　　)

92. 輕 -(　　　)

※다음 訓과 音에 맞는 漢字를 쓰시오.

93. 볕　양(　　　) 　　94. 들　야(　　　)

95. 업　업(　　　) 　　96. 차례 제(　　　)

97. 놓을 방(　　　)

※다음 漢字에서 진하게 표시한 획은 몇 번째 쓰는지 <例>에서 찾아 그 번호를 쓰시오.

| ①1번째　②2번째　③3번째　④4번째 |
| ⑤5번째　⑥6번째　⑦7번째　⑧8번째 |
| ⑨9번째　⑩10번째　⑪11번째　⑫12번째 |

98. (　　　) 　99. (　　　) 　100. (　　　)

能　料　比

- 32 -

■ 사단법인 한국어문회·한자능력검정회 주관

수험번호 □□□-□□-□□□□
성명 □□□□□
주민등록번호 □□□□□□-□□□□□□□
※ 유성 싸인펜, 붉은색 필기구 사용 불가.

※답안지는 컴퓨터로 처리되므로 구기거나 더럽히지 마시고, 정답 칸 안에만 쓰십시오. 글씨가 채점란으로 들어오면 오답처리가 됩니다.

전국한자능력검정시험 5급 답안지(1)

번호	답안란	채점	번호	답안란	채점	번호	답안란	채점	번호	답안란	채점
1			12			23			34		
2			13			24			35		
3			14			25			36		
4			15			26			37		
5			16			27			38		
6			17			28			39		
7			18			29			40		
8			19			30			41		
9			20			31			42		
10			21			32			43		
11			22			33			44		

※뒷면으로 이어짐

·· 절 취 선 ··

성명 [   ]

6급 ①	쓸 고 ( )	가까울근 ( )	법도 도 ( )
느낄 감 ( )	예 고 ( )	뿌리 근 ( )	머리 두 ( )
강할 강 ( )	사귈 교 ( )	등급 급 ( )	법식 례 ( )
열 개 ( )	구분할구 ( )	많을 다 ( )	예도 례 ( )
서울 경 ( )	고을 군 ( )	기다릴대 ( )	길 로 ( )

성명 [   ]

6급 ②

아름다울미 (	)	옷　　복 (	)	자리 석 (	)
푸를 록 (	)	성　　박 (	)	근본 본 (	)	빠를 속 (	)
오얏 리 (	)	차례 번 (	)	죽을 사 (	)	손자 손 (	)
눈　 목 (	)	다를 별 (	)	하여금사 (	)	나무 수 (	)
쌀　 미 (	)	병　 병 (	)	돌　 석 (	)	익힐 습 (	)

·············· 절 취 선 ··············

전국한자능력검정시험　5급　답안지(2)

번호	답안란	채점	번호	답안란	채점	번호	답안란	채점	번호	답안란	채점
45			59			73			87		
46			60			74			88		
47			61			75			89		
48			62			76			90		
49			63			77			91		
50			64			78			92		
51			65			79			93		
52			66			80			94		
53			67			81			95		
54			68			82			96		
55			69			83			97		
56			70			84			98		
57			71			85			99		
58			72			86			100		

第8回　한자능력검정시험　5급

(시험시간 : 50분)　　시험시작시간　　時　　分
　　　　　　　　　　시험종료시간　　時　　分

※다음 漢字語의 讀音을 쓰시오.

1. 不知(*　　)　　2. 分爭(　　)
3. 物價(　　)　　4. 貯水(　　)
5. 客車(　　)　　6. 公的(　　)
7. 最新(　　)　　8. 赤道(　　)
9. 參見(　　)　　10. 字典(　　)
11. 節電(　　)　　12. 傳來(　　)
13. 開店(　　)　　14. 愛着(　　)
15. 表情(　　)　　16. 切望(　　)
17. 停年(　　)　　18. 時調(　　)
19. 操身(　　)　　20. 高卒(　　)
21. 結果(　　)　　22. 終禮(　　)
23. 相考(　　)　　24. 種子(　　)
25. 歌曲(　　)　　26. 初面(　　)

27. 남북통일은 민족적 <u>課業</u>이다.
　　……………………(　　　　)
28. 낡은 <u>舊習</u>은 버려야 한다.
　　……………………(　　　　)
29. 중국은 <u>廣大</u>한 대륙이다.
　　……………………(　　　　)
30. 한지역의 <u>局番</u>은 똑같다.
　　……………………(　　　　)
31. 남을 높여 <u>貴下</u>라 한다.
　　……………………(　　　　)
32. 옛 전통을 <u>再現</u>하다.
　　……………………(　　　　)
33. 교통 <u>法規</u>는 잘 지켜야 한다.
　　……………………(　　　　)
34. 한약방에는 <u>藥材</u>가 많다.
　　……………………(　　　　)
35. 그룹총수는 <u>財界</u>의 거물이다.
　　……………………(　　　　)

※다음 漢字의 訓과 音을 쓰시오.

36. 關(　　)　　37. 充(　　)
38. 具(　　)　　39. 期(　　)
40. 陸(　　)　　41. 到(　　)
42. 祝(　　)　　43. 獨(　　)
44. 落(　　)　　45. 量(　　)
46. 例(　　)　　47. 原(　　)
48. 病(　　)　　49. 則(　　)
50. 良(　　)　　51. 擧(　　)
52. 歷(　　)　　53. 綠(　　)
54. 致(　　)　　55. 許(　　)
56. 宅(　　)　　57. 湖(　　)
58. 板(　　)

※다음 밑줄 친 漢字語를 漢字로 쓰시오.

59. 교과서 이름을 알아 보자.
　　……………………(　　　　)
60. 몸을 튼튼히 하는 <u>체육</u>.
　　……………………(　　　　)
61. 세상 이치를 배우는 <u>자연</u>.
　　……………………(　　　　)
62. 예절과 <u>인사</u>성을 배우는 道德.
　　……………………(　　　　)
63. 함께 하는 세상을 배우는 <u>사회</u>.
　　……………………(　　　　)
64. 수의 개념을 배우는 수학·<u>산수</u>.
　　……………………(　　　　)

자꾸 공부 하고픈 책 모의고사문제집　　　　　　　　　　　　　제8회

65. 세계 공용어를 배우는 <u>영어</u> 시간.
　　………………………(　　　　　)

66. 우리 언어의 뜻을 배우는 <u>국어</u> 시간.
　　………………………(　　　　　)

67. 일상 생활의 기초지식을 배우는 <u>과학</u>.
　　………………………(　　　　　)

68. 우리말의 어원과 성현의 말씀을 배우는 <u>한문</u>.
　　………………………(　　　　　)

69. 감성을 풍부히 하는 <u>음악</u>.
　　………………………(　　　　　)

70. 미적 감각을 키우는 <u>미술</u>.
　　………………………(　　　　　)

71. <u>민족</u>의 역사를 배우는 국사.
　　………………………(　　　　　)

72. 이 모든 <u>공부</u>를 熱心히 하자.
　　………………………(　　　　　)

73. 모르는 낱말은 국어사전을 <u>이용</u>하자.
　　………………………(　　　　　)

※( )에 들어갈 漢字를 찾아 그 번호를 쓰시오.

| ①字　②千　③年　④二　⑤耳 |
| ⑥高　⑦果　⑧過　⑨士　⑩仕 |

74. 馬(　　)東風　　75. 知(　　)必改

76. 百(　　)河淸　　77. 奉(　　)活動

※다음 音은 같으나 뜻이 다른 漢字를 고르시오.

| ①偉　②以　③因　④當　⑤曜 |
| ⑥在　⑦基　⑧吉　⑨熱　⑩完 |

78. 位(　　)　　79. 技(　　)

80. 災(　　)

※다음 漢字語의 뜻을 쓰시오.

81. 有罪 : (　　　　　　　　　)

82. 無能 : (　　　　　　　　　)

83. 可決 : (　　　　　　　　　)

※다음 漢字의 略字(약자)를 쓰시오.

84. 氣(　　) 85. 戰(　　) 86. 畫(　　)

※같은 뜻의 漢字를 보기에서 골라 번호를 쓰시오.

<보기> ①歲　②黑　③選　④頭　⑤說　⑥束

87. 約 - (　　)　　88. 首 - (　　)

89. 年 - (　　)

※반대되는 뜻의 漢字를 써서 단어를 완성하시오.

90. 生 - (　　)　　91. 春 - (　　)

92. 天 - (　　)

※다음 訓과 音에 맞는 漢字를 쓰시오.

93. 아이　동 (　　)　　94. 모양　형 (　　)

95. 살필　성 (　　)　　96. 한가지공 (　　)
　　(덜　생)

97. 다행　행 (　　)

※다음 ㉠획의 쓰는 순서를 골라 번호로 쓰시오.

| ①1번째　②2번째　③3번째　④4번째 |
| ⑤5번째　⑥6번째　⑦7번째　⑧8번째 |
| ⑨9번째　⑩10번째　⑪11번째　⑫12번째 |

98. (　　)　　99. (　　)　　100. (　　)

成㉠　北㉠　先㉠

- 36 -

■ 사단법인 한국어문회·한자능력검정회 주관

수험번호 □□□-□□-□□□□ 성명 □□□□□
주민등록번호 □□□□□□-□□□□□□□ ※ 유성 싸인펜, 붉은색 필기구 사용 불가.
※답안지는 컴퓨터로 처리되므로 구기거나 더럽히지 마시고, 정답 칸 안에만 쓰십시오. 글씨가 채점란으로 들어오면 오답처리가 됩니다.

전국한자능력검정시험 5급 답안지(1)

번호	답안란	채점	번호	답안란	채점	번호	답안란	채점	번호	답안란	채점
1			12			23			34		
2			13			24			35		
3			14			25			36		
4			15			26			37		
5			16			27			38		
6			17			28			39		
7			18			29			40		
8			19			30			41		
9			20			31			42		
10			21			32			43		
11			22			33			44		

※뒷면으로 이어짐

·················· 절 취 선 ··················

성명 [   ]

6급 ③	들 야 ( )	길 영 ( )	기름 유 ( )
이길 승 ( )	밤 야 ( )	꽃부리영 ( )	말미암을유 ( )
법 식 ( )	볕 양 ( )	따뜻할온 ( )	은 은 ( )
잃을 실 ( )	큰바다양 ( )	동산 원 ( )	옷 의 ( )
사랑 애 ( )	말씀 언 ( )	멀 원 ( )	의원 의 ( )

성명 [   ]

6급 ④	아침 조 ( )	통할 통 ( )	이름 호 ( )
놈 자 ( )	겨레 족 ( )	특별할특 ( )	그림 화 ( )
글 장 ( )	낮 주 ( )	합할 합 ( )	누를 황 ( )
있을 재 ( )	친할 친 ( )	다닐 행 ( )	가르칠훈 ( )
정할 정 ( )	클 태 ( )	향할 향 ( )	△

·················· 절 취 선 ··················

전국한자능력검정시험 5급 답안지(2)

번호	답안란	채점	번호	답안란	채점	번호	답안란	채점	번호	답안란	채점
45			59			73			87		
46			60			74			88		
47			61			75			89		
48			62			76			90		
49			63			77			91		
50			64			78			92		
51			65			79			93		
52			66			80			94		
53			67			81			95		
54			68			82			96		
55			69			83			97		
56			70			84			98		
57			71			85			99		
58			72			86			100		

6級	▷중간점검용◁		정답 93쪽
①	②	③	④
느낄 감 ( )	푸를 록 ( )	이길 승 ( )	놈 자 ( )
강할 강 ( )	오얏 리 ( )	법 식 ( )	글 장 ( )
열 개 ( )	눈 목 ( )	잃을 실 ( )	있을 재 ( )
서울 경 ( )	쌀 미 ( )	사랑 애 ( )	정할 정 ( )
쓸 고 ( )	아름다울 미 ( )	들 야 ( )	아침 조 ( )
예 고 ( )	성 박 ( )	밤 야 ( )	겨레 족 ( )
사귈 교 ( )	차례 번 ( )	볕 양 ( )	낮 주 ( )
구분할 구 ( )	다를 별 ( )	큰바다 양 ( )	친할 친 ( )
고을 군 ( )	병 병 ( )	말씀 언 ( )	클 태 ( )
가까울 근 ( )	옷 복 ( )	길 영 ( )	통할 통 ( )
뿌리 근 ( )	근본 본 ( )	꽃부리 영 ( )	특별할 특 ( )
등급 급 ( )	죽을 사 ( )	따뜻할 온 ( )	합할 합 ( )
많을 다 ( )	하여금 사 ( )	동산 원 ( )	다닐 행 ( )
기다릴 대 ( )	돌 석 ( )	멀 원 ( )	향할 향 ( )
법도 도 ( )	자리 석 ( )	기름 유 ( )	이름 호 ( )
머리 두 ( )	빠를 속 ( )	말미암을 유 ( )	그림 화 ( )
법식 례 ( )	손자 손 ( )	은 은 ( )	누를 황 ( )
예도 례 ( )	나무 수 ( )	옷 의 ( )	가르칠 훈 ( )
길 로 ( )	익힐 습 ( )	의원 의 ( )	△ 6급 △

6급 중간점검용

성명 [   ]

6級 Ⅱ　　▷중간점검용◁　　정답 94쪽

①	②	③	④
각각 각 (　　)	읽을 독 (　　)	살필 성 (　　)	지을 작 (　　)
뿔 각 (　　)	아이 동 (　　)	이룰 성 (　　)	재주 재 (　　)
셀 계 (　　)	무리 등 (　　)	사라질소 (　　)	싸울 전 (　　)
지경 계 (　　)	즐길 락 (　　)	재주 술 (　　)	뜰 정 (　　)
높을 고 (　　)	이할 리 (　　)	비로소시 (　　)	제목 제 (　　)
공 공 (　　)	다스릴리 (　　)	귀신 신 (　　)	차례 제 (　　)
공평할공 (　　)	밝을 명 (　　)	몸 신 (　　)	부을 주 (　　)
한가지공 (　　)	들을 문 (　　)	믿을 신 (　　)	모을 집 (　　)
과목 과 (　　)	나눌 반 (　　)	새 신 (　　)	창 창 (　　)
실과 과 (　　)	돌아올반 (　　)	약 약 (　　)	맑을 청 (　　)
빛 광 (　　)	반 반 (　　)	약할 약 (　　)	몸 체 (　　)
공 구 (　　)	필 발 (　　)	업 업 (　　)	겉 표 (　　)
이제 금 (　　)	놓을 방 (　　)	날랠 용 (　　)	바람 풍 (　　)
급할 급 (　　)	떼 부 (　　)	쓸 용 (　　)	다행 행 (　　)
짧을 단 (　　)	나눌 분 (　　)	옮길 운 (　　)	나타날현 (　　)
집 당 (　　)	모일 사 (　　)	마실 음 (　　)	모양 형 (　　)
대신 대 (　　)	글 서 (　　)	소리 음 (　　)	화할 화 (　　)
대할 대 (　　)	줄 선 (　　)	뜻 의 (　　)	모일 회 (　　)
그림 도 (　　)	눈 설 (　　)	어제 작 (　　)	△ 6Ⅱ △

第9回 한자능력검정시험 5급

(시험시간 : 50분)

시험시작시간　時　分
시험종료시간　時　分

※다음 漢字語의 讀音을 쓰시오.

1. 輕重（　　）　2. 戰爭（　　）
3. 吉凶（　　）　4. 過去（　　）
5. 勞使（　　）　6. 規則（　　）
7. 當落（　　）　8. 到着（　　）
9. 賣買（　　）　10. 法典（　　）
11. 發着（　　）　12. 變化（　　）
13. 山河（　　）　14. 兵卒（　　）
15. 善惡（　　）　16. 思考（　　）
17. 新舊（　　）　18. 約束（　　）
19. 有無（　　）　20. 旅客（　　）
21. 利害（　　）　22. 歷史（　　）
23. 因果（　　）　24. 年歲（　　）
25. 自他（　　）　26. 財産（　　）

27. 잘잘못 가리는 것을 黑白 구별이라 한다.
　　　　　　　　　　（　　　　　）
28. 빨간 신호등엔 停止해야 한다.
　　　　　　　　　　（　　　　　）
29. 더러 主客이 바뀔 때가 있다.
　　　　　　　　　　（　　　　　）
30. 과연 지구의 終末이 올까?
　　　　　　　　　　（　　　　　）
31. 정수기에는 冷溫 구별이 있다.
　　　　　　　　　　（　　　　　）
32. 공부하면 知識이 는다.
　　　　　　　　　　（　　　　　）
33. 陸海 합동작전을 세우다.
　　　　　　　　　　（　　　　　）
34. 줄넘기 練習을 하다.
　　　　　　　　　　（　　　　　）
35. 불문曲直이란 잘잘못을 따지지 않는 말이다.
　　　　　　　　　　（　　　　　）

※다음 漢字의 訓과 音을 쓰시오.

36. 鼻（　　）　37. 建（　　）
38. 氷（　　）　39. 區（　　）
40. 寫（　　）　41. 査（　　）
42. 漁（　　）　43. 偉（　　）
44. 耳（　　）　45. 固（　　）
46. 以（　　）　47. 災（　　）
48. 要（　　）　49. 億（　　）
50. 浴（　　）　51. 熱（　　）
52. 加（　　）　53. 貴（　　）
54. 改（　　）　55. 屋（　　）
56. 服（　　）　57. 貯（　　）
58. 本（　　）

※다음 밑줄 친 漢字語를 漢字로 쓰시오.

59. (소)有 (소)聞 (소)感 (소)重 : 무슨 (소)일까요?
　　　　　　　　　　（　　　　　）
60. 내일은 개교 기념일.
　　　　　　　　　　（　　　　　）
61. 절약하는 것도 애국이다.
　　　　　　　　　　（　　　　　）
62. 산에서 야생의 토끼를 잡다.
　　　　　　　　　　（　　　　　）
63. 뭐든지 시작하면 끝까지 한다.
　　　　　　　　　　（　　　　　）
64. 우리는 교통 질서를 잘 지킨다.
　　　　　　　　　　（　　　　　）

자꾸 공부 하고픈 책 모의고사문제집　　　　　　　제9회

65. 매립으로 <u>지형</u>이 달라지고 있다.
　　………………………（　　　　）

66. 한글은 <u>표음</u>문자, 한자는 표의문자.
　　………………………（　　　　）

67. 수업마치는 <u>현재</u> 시간은 몇시 몇분?
　　………………………（　　　　）

68. 전기가 끊겨 <u>공장</u> 가동이 중단되었다.
　　………………………（　　　　）

※다음 뜻에 맞는 漢字語를 漢字로 쓰시오.

69. 석양 (저녁의 해)
　　………………………（　　　　）

70. 의중 (뜻 가운데)
　　………………………（　　　　）

71. 화급 (매우 급합)
　　………………………（　　　　）

72. 동창 (같은 학교를 나온 사람)
　　………………………（　　　　）

73. 기호 (어떤 뜻을 나타내기 위한 문자)
　　………………………（　　　　）

※（　）에 들어갈 漢字를 찾아 그 번호를 쓰시오.

| ①風 | ②時 | ③省 | ④成 | ⑤末 |
| ⑥示 | ⑦望 | ⑧亡 | ⑨春 | ⑩週 |

74. （　）事用語　　75. 敗家（　）身

76. 秋（　）落葉　　77. 門前（　）市

※다음 音은 같으나 뜻이 다른 漢字語를 고르시오.

| ①景氣 | ②會期 | ③遠路 | ④景致 |
| ⑤遠視 | ⑥讀圖 | ⑦會社 | ⑧功效 |

78. 獨島（　　　）　　79. 元老（　　　）

80. 競技（　　　）

※다음 뜻에 맞는 漢字語를 찾아 번호를 쓰시오.

①千名	②元祖	③首都
④天明	⑤遠祖	⑥水道
⑦天命	⑧元朝	⑨手刀

81. 하늘의 명령. …………………（　　　　）
82. 한 겨레의 맨 처음 조상. ……（　　　　）
83. 한 나라의 중앙 정부가 있는 도시. ……（　　　　）

※다음 漢字의 略字(약자)를 쓰시오.

84. 數（　　）85. 藥（　　）86. 體（　　）

※같은 뜻의 漢字를 써서 단어를 완성하시오.

87. （　　　）- 福　88. （　　　）- 訓

89. （　　　）- 算

※반대되는 뜻의 漢字를 써서 단어를 완성하시오.

90. （　　　）- 樂　91. （　　　）- 夜

92. （　　　）- 答

※다음 訓과 音에 맞는 漢字를 쓰시오.

93. 기다릴대（　　　）　94. 나무 수（　　　）

95. 빠를 속（　　　）　96. 대신 대（　　　）

97. 손자 손（　　　）

※다음 漢字에서 진하게 표시한 획은 몇 번째 쓰는지 <例>에서 찾아 그 번호를 쓰시오.

①1번째	②2번째	③3번째	④4번째
⑤5번째	⑥6번째	⑦7번째	⑧8번째
⑨9번째	⑩10번째	⑪11번째	⑫12번째

98. （　　）　99. （　　）　100. （　　）

性　雲　必

- 42 -

… 사단법인 한국어문회·한자능력검정회 주관

수험번호 □□□-□□-□□□□ 성명 □□□□□
주민등록번호 □□□□□□-□□□□□□□
※ 유성 싸인펜, 붉은색 필기구 사용 불가.
※답안지는 컴퓨터로 처리되므로 구기거나 더럽히지 마시고, 정답 칸 안에만 쓰십시오. 글씨가 채점란으로 들어오면 오답처리가 됩니다.

전국한자능력검정시험 5급 답안지(1)

번호	답안란	채점	번호	답안란	채점	번호	답안란	채점	번호	답안란	채점
1			12			23			34		
2			13			24			35		
3			14			25			36		
4			15			26			37		
5			16			27			38		
6			17			28			39		
7			18			29			40		
8			19			30			41		
9			20			31			42		
10			21			32			43		
11			22			33			44		

※뒷면으로 이어짐

·············· 절 취 선 ··············

성명 [   ]

6Ⅱ ①	높을 고 ( )	실과 과 ( )	짧을 단 ( )
각각 각 ( )	공 공 ( )	빛 광 ( )	집 당 ( )
뿔 각 ( )	공평할공 ( )	공 구 ( )	대신 대 ( )
셀 계 ( )	한가지공 ( )	이제 금 ( )	대할 대 ( )
지경 계 ( )	과목 과 ( )	급할 급 ( )	그림 도 ( )

- 43 -

성명 [   ]

6Ⅱ ②

	이할 리 ( )	돌아올반 ( )	나눌 분 ( )
읽을 독 ( )	다스릴리 ( )	반 반 ( )	모일 사 ( )
아이 동 ( )	밝을 명 ( )	필 발 ( )	글 서 ( )
무리 등 ( )	들을 문 ( )	놓을 방 ( )	줄 선 ( )
즐길 락 ( )	나눌 반 ( )	떼 부 ( )	눈 설 ( )

·· 절 취 선 ··

전국한자능력검정시험 5급 답안지(2)

번호	답안란	채점	번호	답안란	채점	번호	답안란	채점	번호	답안란	채점
45			59			73			87		
46			60			74			88		
47			61			75			89		
48			62			76			90		
49			63			77			91		
50			64			78			92		
51			65			79			93		
52			66			80			94		
53			67			81			95		
54			68			82			96		
55			69			83			97		
56			70			84			98		
57			71			85			99		
58			72			86			100		

第10回   한자능력검정시험   5급

(시험시간 : 50분)   시험시작시간　時　分
시험종료시간　時　分

※다음 漢字語의 讀音을 쓰시오.

1. 不當(*　　)   2. 料量(　　)
3. 終結(　　)   4. 熱情(　　)
5. 作曲(　　)   6. 來歷(　　)
7. 給水(　　)   8. 訓練(　　)
9. 週期(　　)   10. 領土(　　)
11. 自己(　　)   12. 待令(　　)
13. 神技(　　)   14. 致知(　　)
15. 基本(　　)   16. 反則(　　)
17. 壇上(　　)   18. 他界(　　)
19. 社團(　　)   20. 卓見(　　)
21. 談話(　　)   22. 黑炭(　　)
23. 德行(　　)   24. 第宅(　　)
25. 獨立(　　)   26. 鐵板(　　)

27. 만개한 꽃은 언젠가는 <u>落花</u>한다.
　　…………………………………(　　)
28. 그 규수는 <u>氣品</u>이 있어 보인다.
　　…………………………………(　　)
29. 긴 장마로 밭의 작물들이 <u>冷害</u>를 입다.
　　…………………………………(　　)
30. 어린이 권장도서는 <u>必讀</u>이다.
　　…………………………………(　　)
31. 여행은 부모님의 <u>許可</u>를 받아야한다.
　　…………………………………(　　)
32. <u>筆者</u>의 의도를 생각하며 책을 읽자.
　　…………………………………(　　)
33. 도시를 떠나 <u>江湖</u>에 묻혀 살다.
　　…………………………………(　　)
34. <u>河川</u>을 정비하여 시민의 휴식처로 만들다.
　　…………………………………(　　)
35. 공룡시대의 <u>化石</u>이 발견되다.
　　…………………………………(　　)

※다음 漢字의 訓과 音을 쓰시오.

36. 課(　　)   37. 由(　　)
38. 比(　　)   39. 船(　　)
40. 章(　　)   41. 仙(　　)
42. 在(　　)   43. 束(　　)
44. 臣(　　)   45. 初(　　)
46. 效(　　)   47. 思(　　)
48. 因(　　)   49. 過(　　)
50. 州(　　)   51. 橋(　　)
52. 輕(　　)   53. 都(　　)
54. 史(　　)   55. 考(　　)
56. 葉(　　)   57. 爭(　　)
58. 能(　　)

※다음 밑줄 친 漢字語를 漢字로 쓰시오.

59. (전)<u>體</u> (전)<u>部</u> (전)<u>國</u> (전)<u>力</u> : 무슨 (전)일까요?
　　…………………………………(　　)
60. 위장병이 <u>발병</u> 했다.
　　…………………………………(　　)
61. 고려를 세운 <u>태조</u> 왕건.
　　…………………………………(　　)
62. 사고방식이 <u>합리</u>적이다.
　　…………………………………(　　)
63. 월요일이면 <u>조회</u>를 한다.
　　…………………………………(　　)
64. 옛날에는 <u>친족</u>끼리도 결혼했다.
　　…………………………………(　　)

자꾸 공부 하고픈 책 모의고사문제집

제10회

65. 그때 그때 형편에 따라 다르다.
.... (   )

66. 축구 열기로 운동장을 개방한다.
.... (   )

67. 많은 사람의 휴식처가 되는 공원.
.... (   )

68. 자연을 보호하여 후손에게 물려주자.
.... (   )

※다음 뜻에 맞는 漢字語를 漢字로 쓰시오.

69. 시간 (때)
.... (   )

70. 소감 (느낀 바)
.... (   )

71. 소수 (적은 숫자)
.... (   )

72. 광속 (빛의 빠르기)
.... (   )

73. 별당 (별도로 거처하는 집)
.... (   )

※( )에 들어갈 漢字를 찾아 그 번호를 쓰시오.

| ①遠 ②原 ③曲 ④己 ⑤相 |
| ⑥苦 ⑦古 ⑧知 ⑨商 ⑩天 |

74. 不(   )千里   75. 教學(   )長

76. 同(   )同樂   77. 大明(   )地

※다음 音은 같으나 뜻이 다른 漢字를 고르시오.

| ①質 ②競 ③最 ④舊 ⑤他 |
| ⑥着 ⑦唱 ⑧參 ⑨歲 ⑩敗 |

78. 敬 (   )   79. 洗 (   )

80. 救 (   )

※다음 漢字語의 뜻을 쓰시오.

81. 近代 : (   )

82. 特使 : (   )

83. 重責 : (   )

※다음 漢字의 略字(약자)를 쓰시오.

84. 對(   ) 85. 圖(   ) 86. 號(   )

※같은 뜻의 漢字를 보기에서 골라 번호를 쓰시오.

<보기> ①財 ②停 ③寒 ④現 ⑤旅 ⑥始

87. (   )-客   88. (   )-産

89. (   )-止

※반대되는 뜻의 漢字를 써서 단어를 완성하시오.

90. (   )-西   91. (   )-活

92. (   )-母

※다음 訓과 音에 맞는 漢字를 쓰시오.

93. 글 서(   )   94. 은 은(   )

95. 사랑 애(   )   96. 뜰 정(   )

97. 밤 야(   )

※다음 ㉠획의 쓰는 순서를 골라 번호로 쓰시오.

| ①1번째 ②2번째 ③3번째 ④4번째 |
| ⑤5번째 ⑥6번째 ⑦7번째 ⑧8번째 |
| ⑨9번째 ⑩10번째 ⑪11번째 ⑫12번째 |

98. (   )   99. (   )   100. (   )

有 雨 市

- 46 -

전국한자능력검정시험 5급 답안지(1)

번호	답안란	채점	번호	답안란	채점	번호	답안란	채점	번호	답안란	채점
1			12			23			34		
2			13			24			35		
3			14			25			36		
4			15			26			37		
5			16			27			38		
6			17			28			39		
7			18			29			40		
8			19			30			41		
9			20			31			42		
10			21			32			43		
11			22			33			44		

※뒷면으로 이어짐

·············· 절 취 선 ··············

성명 [   ]

6Ⅱ ③

살필 성 (   )   비로소 시 (   )   약 약 (   )   옮길 운 (   )
이룰 성 (   )   귀신 신 (   )   약할 약 (   )   마실 음 (   )
사라질 소 (   )   몸 신 (   )   업 업 (   )   소리 음 (   )
재주 술 (   )   믿을 신 (   )   날릴 용 (   )   뜻 의 (   )
                새 신 (   )   쓸 용 (   )   어제 작 (   )

6Ⅱ ④	제목 제 ( )	맑을 청 ( )	나타날현 ( )
지을 작 ( )	차례 제 ( )	몸 체 ( )	모양 형 ( )
재주 재 ( )	부을 주 ( )	겉 표 ( )	화할 화 ( )
싸울 전 ( )	모을 집 ( )	바람 풍 ( )	모일 회 ( )
뜰 정 ( )	창 창 ( )	다행 행 ( )	△

·················· 절 취 선 ··················

전국한자능력검정시험 5급 답안지(2)

번호	답안란	채점	번호	답안란	채점	번호	답안란	채점	번호	답안란	채점
45			59			73			87		
46			60			74			88		
47			61			75			89		
48			62			76			90		
49			63			77			91		
50			64			78			92		
51			65			79			93		
52			66			80			94		
53			67			81			95		
54			68			82			96		
55			69			83			97		
56			70			84			98		
57			71			85			99		
58			72			86			100		

성명 [   ]

第11回 한자능력검정시험 5급

(시험시간 : 50분)   시험시작시간   時   分
                  시험종료시간   時   分

※ 다음 漢字語의 讀音을 쓰시오.

1. 宅內(*   )   2. 末席(   )
3. 規格(   )   4. 亡命(   )
5. 原價(   )   6. 無關(   )
7. 件數(   )   8. 許多(   )
9. 決定(   ) 10. 福德(   )
11. 敬意(   ) 12. 比例(   )
13. 固體(   ) 14. 給仕(   )
15. 廣板(   ) 16. 商店(   )
17. 家具(   ) 18. 洗禮(   )
19. 貴重(   ) 20. 完工(   )
21. 期待(   ) 22. 友愛(   )
23. 球技(   ) 24. 雲集(   )
25. 能力(   ) 26. 院長(   )

27. 봄에는 花壇에 꽃씨라도 뿌려야지.
    ....(   )
28. 남달리 노력하는 그는 必然 성공할 것이다.
    ....(   )
29. 한양으로 都邑을 정하다.
    ....(   )
30. 소년들이 再活 할 수 있도록 도와주자.
    ....(   )
31. 공교육을 良質로 끌어 올려야 한다.
    ....(   )
32. 옛날 州郡에는 사또가 있었다.
    ....(   )
33. 領空을 침범한 비행기가 추락했다.
    ....(   )
34. 이번 모임에는 不參하게 되었다.
    ....(   )
35. 텃밭에 심을 씨앗을 種類별로 샀다.
    ....(   )

※ 다음 漢字의 訓과 音을 쓰시오.

36. 結(   ) 37. 通(   )
38. 景(   ) 39. 特(   )
40. 告(   ) 41. 赤(   )
42. 速(   ) 43. 情(   )
44. 週(   ) 45. 止(   )
46. 位(   ) 47. 馬(   )
48. 首(   ) 49. 汽(   )
50. 宿(   ) 51. 願(   )
52. 順(   ) 53. 元(   )
54. 流(   ) 55. 令(   )
56. 河(   ) 57. 鐵(   )
58. 競(   )

※ 다음 밑줄 친 漢字語를 漢字로 쓰시오.

59. 理(유) 事(유) 自(유) (유)來 : 무슨 (유)일까요?
    ....(   )
60. 어머니의 친정 나들이.
    ....(   )
61. 서해를 황해라고도 한다.
    ....(   )
62. 누나는 유화를 전공한다.
    ....(   )
63. 갈수록 의술이 발달한다.
    ....(   )
64. 올 추석에도 고향에 간다.
    ....(   )

자꾸 공부 하고픈 책 모의고사문제집　　　　　　　　　　　　제11회

65. 국군장병께 위문 편지를 쓰다.
……………………… (　　　　　　)

66. 엄숙한 예식으로 결혼식을 올렸다.
……………………… (　　　　　　)

67. 친구이야기를 후문을 통해 들었다.
……………………… (　　　　　　)

68. 국어시간에서도 작문시간을 좋아한다.
……………………… (　　　　　　)

※다음 뜻에 맞는 漢字語를 漢字로 쓰시오.

69. 조모 (할머니)
……………………… (　　　　　　)

70. 영생 (오래 삶)
……………………… (　　　　　　)

71. 평지 (평평한 땅)
……………………… (　　　　　　)

72. 재미 (미국에 살고 있음)
……………………… (　　　　　　)

73. 장면 (어떤 장소에서 벌어진 광경)
……………………… (　　　　　　)

※(　　)에 들어갈 漢字를 찾아 그 번호를 쓰시오.

| ①草　②初　③入　④立　⑤不 |
| ⑥年　⑦然　⑧三　⑨參　⑩力 |

74. 國民(　　)金　　75. (　　)春大吉

76. 作心(　　)日　　77. (　　)綠同色

※다음 밑줄 친 단어에 맞는 한자어를 고르시오.

78. 참새가 나란히 전선에 앉았다.…(　　　)
①戰船　②全線　③前線　④電線

79. 오늘 작품 전시회에 출품 하였다. (　　　)
①展示　②戰時　③全市　④電視

80. 산위에 올라가니 공기가 신선했다.(　　　)
①神仙　②新鮮　③新船　④新選

※다음 뜻에 맞는 漢字語를 찾아 번호를 쓰시오.

| ①史料　②士氣　③消火 |
| ④思料　⑤史記　⑥消和 |
| ⑦使料　⑧社基　⑨消化 |

81. 음식물을 삭힘. ……………… (　　　　)
82. 역사에 관한 자료. ………… (　　　　)
83. 역사적 사실을 적은 책. …… (　　　　)

※다음 漢字의 略字(약자)를 쓰시오.

84. 讀(　　)　85. 萬(　　)　86. 發(　　)

※같은 뜻의 漢字를 써서 단어를 완성하시오.

87. (　　　)－實　　88. (　　　)－本

89. (　　　)－朗

※반대되는 뜻의 漢字를 써서 단어를 완성하시오.

90. (　　　)－今　　91. (　　　)－合

92. (　　　)－學

※다음 訓과 音에 맞는 漢字를 쓰시오.

93. 쓸　　용(　　　)　　94. 약할　약(　　　)

95. 옮길　운(　　　)　　96. 큰바다양(　　　)

97. 동산　원(　　　)

※다음 漢字에서 진하게 표시한 획은 몇 번째 쓰는지 <例>에서 찾아 그 번호를 쓰시오.

| ①1번째　②2번째　③3번째　④4번째 |
| ⑤5번째　⑥6번째　⑦7번째　⑧8번째 |
| ⑨9번째　⑩10번째　⑪11번째　⑫12번째 |

98. (　　)　　99. (　　)　　100. (　　)

他　束　樂

- 50 -

사단법인 한국어문회·한자능력검정회 주관

수험번호 ☐☐☐-☐☐-☐☐☐☐
성명 ☐☐☐☐☐
주민등록번호 ☐☐☐☐☐☐-☐☐☐☐☐☐☐
※ 유성 싸인펜, 붉은색 필기구 사용 불가.

※답안지는 컴퓨터로 처리되므로 구기거나 더럽히지 마시고, 정답 칸 안에만 쓰십시오. 글씨가 채점란으로 들어오면 오답처리가 됩니다.

전국한자능력검정시험 5급 답안지(1)

번호	답안란	채점	번호	답안란	채점	번호	답안란	채점	번호	답안란	채점
1			12			23			34		
2			13			24			35		
3			14			25			36		
4			15			26			37		
5			16			27			38		
6			17			28			39		
7			18			29			40		
8			19			30			41		
9			20			31			42		
10			21			32			43		
11			22			33			44		

※뒷면으로 이어짐

·········· 절 취 선 ··········

7급 ①   성명 [   ]

노래 가 ( )	한가지 동 ( )	수풀 림 ( )	일백 백 ( )	바 소 ( )
입 구 ( )	오를 등 ( )	낯 면 ( )	지아비 부 ( )	적을 소 ( )
기 기 ( )	올 래 ( )	목숨 명 ( )	셈 산 ( )	셈 수 ( )
겨울 동 ( )	늙을 로 ( )	글월 문 ( )	빛 색 ( )	심을 식 ( )
골 동 ( )	마을 리 ( )	물을 문 ( )	저녁 석 ( )	마음 심 ( )

7급 ②

성명 [   ]

말씀 어 ( )	들 입 ( )	무거울중 ( )	하늘 천 ( )	날 출 ( )
그럴 연 ( )	글자 자 ( )	땅 지 ( )	풀 초 ( )	편할 편 ( )
있을 유 ( )	할아비조 ( )	종이 지 ( )	마을 촌 ( )	여름 하 ( )
기를 육 ( )	살 주 ( )	내 천 ( )	가을 추 ( )	꽃 화 ( )
고을 읍 ( )	주인 주 ( )	일천 천 ( )	봄 춘 ( )	쉴 휴 ( )

···························· 절 취 선 ····························

전국한자능력검정시험 5급 답안지(2)

번호	답안란	채점	번호	답안란	채점	번호	답안란	채점	번호	답안란	채점
45			59			73			87		
46			60			74			88		
47			61			75			89		
48			62			76			90		
49			63			77			91		
50			64			78			92		
51			65			79			93		
52			66			80			94		
53			67			81			95		
54			68			82			96		
55			69			83			97		
56			70			84			98		
57			71			85			99		
58			72			86			100		

第12回 한자능력검정시험 5급

(시험시간 : 50분) 시험시작시간　時　　分
　　　　　　　　시험종료시간　時　　分

※다음 漢字語의 讀音을 쓰시오.

1. 不在(*　　) 2. 歷任(　　)
3. 黑板(　　) 4. 産災(　　)
5. 藥效(　　) 6. 比色(　　)
7. 品貴(　　) 8. 戰士(　　)
9. 來到(　　) 10. 性質(　　)
11. 當選(　　) 12. 洗面(　　)
13. 運河(　　) 14. 結束(　　)
15. 充實(　　) 16. 順理(　　)
17. 他意(　　) 18. 惡材(　　)
19. 打席(　　) 20. 養親(　　)
21. 卓球(　　) 22. 問責(　　)
23. 氷炭(　　) 24. 事件(　　)
25. 最新(　　) 26. 光州(　　)

27. 누나 결혼식에서 祝歌를 불렀다.
　　　　　　　　　　　　(　　)
28. 한때의 罪過로 평생 가슴에 상처가 된다.
　　　　　　　　　　　　(　　)
29. 고속 鐵道공사가 한창이다.
　　　　　　　　　　　　(　　)
30. 傳說속의 이야기는 재밌다.
　　　　　　　　　　　　(　　)
31. 미술대회 國展에서 입상하다.
　　　　　　　　　　　　(　　)
32. 책을 인터넷상 구매로 書店이 불황이다.
　　　　　　　　　　　　(　　)
33. 공연을 본 관객 모두 再唱을 청했다.
　　　　　　　　　　　　(　　)
34. 操身하게 처신하는 숙녀.
　　　　　　　　　　　　(　　)
35. 스포츠 種目 중 축구를 좋아한다.
　　　　　　　　　　　　(　　)

※다음 漢字의 訓과 音을 쓰시오.

36. 可(　　) 37. 曲(　　)
38. 客(　　) 39. 島(　　)
40. 數(　　) 41. 料(　　)
42. 育(　　) 43. 救(　　)
44. 朗(　　) 45. 必(　　)
46. 費(　　) 47. 死(　　)
48. 善(　　) 49. 習(　　)
50. 案(　　) 51. 給(　　)
52. 魚(　　) 53. 直(　　)
54. 基(　　) 55. 然(　　)
56. 團(　　) 57. 登(　　)
58. 雨(　　)

※다음 밑줄 친 漢字語를 漢字로 쓰시오.

59. 地(방) 四(방) (방)向 (방)式 : 무슨 (방)일까요?
　　　　　　　　　　　　(　　)
60. 물건 사용을 깨끗하게 하자.
　　　　　　　　　　　　(　　)
61. 책은 독자에 따라 분류된다.
　　　　　　　　　　　　(　　)
62. 할머니는 성품이 온화하시다.
　　　　　　　　　　　　(　　)
63. 청소구역이 각자 정해져 있다.
　　　　　　　　　　　　(　　)
64. 올해도 공공요금이 인상되었다.
　　　　　　　　　　　　(　　)

자꾸 공부 하고픈 책 모의고사문제집 　제12회

65. 어머니께서 <u>별식</u>을 준비하셨다.
…………………… (　　　　　)

66. 우리 아빠는 <u>본사</u>에 근무하신다.
…………………… (　　　　　)

67. 생일이 늦어서 <u>번호</u>가 뒤쪽이다.
…………………… (　　　　　)

68. 어린이날 <u>고공</u> 비행기 쇼가 있었다.
…………………… (　　　　　)

※다음 뜻에 맞는 漢字語를 漢字로 쓰시오.

69. 백미 (흰쌀)
…………………… (　　　　　)

70. 서편 (서쪽)
…………………… (　　　　　)

71. 산림 (산과 숲)
…………………… (　　　　　)

72. 병명 (병의 이름)
…………………… (　　　　　)

73. 상경 (서울로 올라감)
…………………… (　　　　　)

※(　)에 들어갈 漢字를 찾아 그 번호를 쓰시오.

| ①偉　②年　③目　④明　⑤命 |
| ⑥位　⑦發　⑧身　⑨士　⑩物 |

74. 三 (　　) 一體
75. 安心立 (　　)
76. 百 (　　) 百中
77. 野生動 (　　)

※다음 音은 같으나 뜻이 다른 漢字를 고르시오.

| ①査　②停　③鼻　④無　⑤福 |
| ⑥元　⑦調　⑧賣　⑨倍　⑩奉 |

78. 願 (　　)
79. 寫 (　　)
80. 情 (　　)

※다음 漢字語의 뜻을 쓰시오.

81. 愛族 : (　　　　　　　　)

82. 利己 : (　　　　　　　　)

83. 救世 : (　　　　　　　　)

※다음 漢字의 略字(약자)를 쓰시오.

84. 醫 (　　) 85. 晝 (　　) 86. 學 (　　)

※같은 뜻의 漢字를 보기에서 골라 번호를 쓰시오.

<보기> ①冷　②末　③兵　④商　⑤筆　⑥識

87. 終 - (　　)
88. 寒 - (　　)
89. 知 - (　　)

※반대되는 뜻의 漢字를 써서 단어를 완성하시오.

90. 夏 - (　　)
91. 老 - (　　)
92. 兄 - (　　)

※다음 訓과 音에 맞는 漢字를 쓰시오.

93. 머리 두 (　　)
94. 모일 회 (　　)
95. 재주 술 (　　)
96. 법도 도 (헤아릴탁) (　　)
97. 나타날 현 (　　)

※다음 ㉠획의 쓰는 순서를 골라 번호로 쓰시오.

| ①1번째　②2번째　③3번째　④4번째 |
| ⑤5번째　⑥6번째　⑦7번째　⑧8번째 |
| ⑨9번째　⑩10번째　⑪11번째　⑫12번째 |

98. (　　) 99. (　　) 100. (　　)

東 科 孝

- 54 -

성명 [   ]

| 7級 | ▷중간점검용◁ | 정답 94쪽 |

①	②	③	④
노래 가 (　)	글월 문 (　)	그럴 연 (　)	일천 천 (　)
입 구 (　)	물을 문 (　)	있을 유 (　)	하늘 천 (　)
기 기 (　)	일백 백 (　)	기를 육 (　)	풀 초 (　)
겨울 동 (　)	지아비 부 (　)	고을 읍 (　)	마을 촌 (　)
골 동 (　)	셈 산 (　)	들 입 (　)	가을 추 (　)
한가지 동 (　)	빛 색 (　)	글자 자 (　)	봄 춘 (　)
오를 등 (　)	저녁 석 (　)	할아비 조 (　)	날 출 (　)
올 래 (　)	바 소 (　)	살 주 (　)	편할 편 (　)
늙을 로 (　)	적을 소 (　)	주인 주 (　)	여름 하 (　)
마을 리 (　)	셈 수 (　)	무거울 중 (　)	꽃 화 (　)
수풀 림 (　)	심을 식 (　)	땅 지 (　)	쉴 휴 (　)
낯 면 (　)	마음 심 (　)	종이 지 (　)	
목숨 명 (　)	말씀 어 (　)	내 천 (　)	

| 7級Ⅱ | ▷중간점검용◁ | 정답 94쪽 |

①		②	
집 가 (　)	기록할 기 (　)	길 도 (　)	물건 물 (　)
사이 간 (　)	기운 기 (　)	움직일 동 (　)	모 방 (　)
강 강 (　)	사내 남 (　)	힘 력 (　)	아닐 불 (　)
수레 거 (　)	안 내 (　)	설 립 (　)	일 사 (　)
빌 공 (　)	농사 농 (　)	매양 매 (　)	윗 상 (　)
장인 공 (　)	대답 답 (　)	이름 명 (　)	성 성 (　)

7급,7Ⅱ,8급 중간점검용

성명 [   ]

③

인간 세 ( )	오른 우 ( )	바를 정 ( )	바다 해 ( )
손 수 ( )	스스로자 ( )	발 족 ( )	말씀 화 ( )
때 시 ( )	아들 자 ( )	왼 좌 ( )	살 활 ( )
저자 시 ( )	마당 장 ( )	곧을 직 ( )	효도 효 ( )
먹을 식 ( )	번개 전 ( )	평평할평 ( )	뒤 후 ( )
편안 안 ( )	앞 전 ( )	아래 하 ( )	
낮 오 ( )	온전 전 ( )	한수 한 ( )	

④

8級 ▷중간점검용◁   정답 94쪽

① ② ③ ④

가르칠교 ( )	어미 모 ( )	작을 소 ( )	아우 제 ( )
학교 교 ( )	나무 목 ( )	물 수 ( )	가운데중 ( )
아홉 구 ( )	문 문 ( )	집 실 ( )	푸를 청 ( )
나라 국 ( )	백성 민 ( )	열 십 ( )	마디 촌 ( )
군사 군 ( )	흰 백 ( )	다섯 오 ( )	일곱 칠 ( )
쇠 금 ( )	아비 부 ( )	임금 왕 ( )	흙 토 ( )
남녘 남 ( )	북녘 북 ( )	바깥 외 ( )	여덟 팔 ( )
계집 녀 ( )	넉 사 ( )	달 월 ( )	배울 학 ( )
해 년 ( )	메 산 ( )	두 이 ( )	나라 한 ( )
큰 대 ( )	석 삼 ( )	사람 인 ( )	형 형 ( )
동녘 동 ( )	날 생 ( )	날 일 ( )	불 화 ( )
여섯 륙 ( )	서녘 서 ( )	한 일 ( )	
일만 만 ( )	먼저 선 ( )	긴 장 ( )	오자연습 합시다.

7급,7Ⅱ,8급 중간점검용

第13回 한자능력검정시험 5급

(시험시간 : 50분)

※다음 漢字語의 讀音을 쓰시오.

1. 農樂(*   )
2. 親切(   )
3. 建物(   )
4. 時節(   )
5. 綠化(   )
6. 賣店(   )
7. 通關(   )
8. 感情(   )
9. 基地(   )
10. 停會(   )
11. 落島(   )
12. 操作(   )
13. 氷板(   )
14. 和答(   )
15. 調査(   )
16. 卒業(   )
17. 觀賞(   )
18. 來週(   )
19. 順序(   )
20. 終止(   )
21. 鐵船(   )
22. 對質(   )
23. 歲費(   )
24. 獨唱(   )
25. 魚族(   )
26. 最初(   )

27. 옛날에는 짐을 옮길 때 <u>生馬</u>를 이용했다. (   )
28. 번 돈을 학비에 <u>充當</u>하다. (   )
29. <u>患者</u>는 절대안정 해야 한다. (   )
30. 수면제 과량 섭취는 <u>致死</u>에 이른다. (   )
31. 발굴된 토기를 <u>原形</u> 보존하다. (   )
32. 아버지께서 한양으로 <u>出他</u>하셨다. (   )
33. 미래를 위해서 <u>貯金</u>을 해야 한다. (   )
34. <u>貴宅</u>에 누를 끼쳐 죄송합니다. (   )
35. 특별히 은혜 베푸는 일을 <u>特典</u>이라 한다. (   )

※다음 漢字의 訓과 音을 쓰시오.

36. 惡(   )
37. 無(   )
38. 産(   )
39. 買(   )
40. 變(   )
41. 兵(   )
42. 完(   )
43. 炭(   )
44. 敗(   )
45. 技(   )
46. 凶(   )
47. 罪(   )
48. 黑(   )
49. 再(   )
50. 兒(   )
51. 法(   )
52. 選(   )
53. 級(   )
54. 倍(   )
55. 多(   )
56. 奉(   )
57. 去(   )
58. 曜(   )

※다음 밑줄 친 漢字語를 漢字로 쓰시오.

59. 頭(목) 注(목) 科(목) (목)的 : 무슨 (목)일까요? (   )
60. 백화점보다 <u>시장</u>이 좋다. (   )
61. 제한속도 100km인 <u>고속도로</u>. (   )
62. 성공 <u>사례</u>를 듣고 감탄했다. (   )
63. 비행기가 <u>공중</u>에서 추락했다. (   )
64. 운동회에서 청군이 <u>승리</u>했다. (   )

자꾸 공부 하고픈 책 모의고사문제집　　　　　　　　제13회

65. 날마다 <u>신문</u>을 자세히 읽는다.
……………………… (　　　　　)

66. 오늘 회의는 <u>주제</u>는 무엇인가?
……………………… (　　　　　)

67. 나는 축구보다 <u>야구</u>를 좋아한다.
……………………… (　　　　　)

68. 봄에는 <u>식목</u>하기에 좋은 계절이다.
……………………… (　　　　　)

※다음 뜻에 맞는 漢字語를 漢字로 쓰시오.

69. 청명 (맑음)
……………………… (　　　　　)

70. 단명 (목숨이 짧음)
……………………… (　　　　　)

71. 습자 (글자를 익힘)
……………………… (　　　　　)

72. 동향 (움직이는 방향)
……………………… (　　　　　)

73. 제일 (무리 중 첫 번째)
……………………… (　　　　　)

※(　)에 들어갈 漢字를 찾아 그 번호를 쓰시오.

①知　②面　③三　④四　⑤大
⑥紙　⑦祖　⑧子　⑨五　⑩待

74. 安分 (　　　) 足　　75. (　　　) 十六計

76. 名山 (　　　) 川　　77. (　　　) 孫萬代

※다음 밑줄 친 단어에 맞는 한자어를 고르시오.

78. 방학동안 위인 <u>전기</u>를 읽었다. (　　　　)
①電氣　②前期　③傳記　④前記

79. 일본 <u>수상</u>이 우리나라를 방문했다. (　　　)
①首相　②手相　③樹相　④水上

80. 한자공부를 하면 <u>사고</u>력을 키운다. (　　　)
①社告　②思考　③四苦　④四考

※다음 뜻에 맞는 漢字語를 찾아 번호를 쓰시오.

① 學院　②直選　③公約
④ 學園　⑤直線　⑥空約

81. 사립교육기관. ……………… (　　　　)

82. 사회 공중에 대한 약속. ……… (　　　　)

83. 직접 선거인을 뽑는 일. ……… (　　　　)

※다음 漢字의 略字(약자)를 쓰시오.

84. 區 (　　) 85. 同 (　　) 86. 來 (　　)

※같은 뜻의 漢字를 써서 단어를 완성하시오.

87. 道 - (　　　) 88. 身 - (　　　)

89. 圖 - (　　　)

※반대되는 뜻의 漢字를 써서 단어를 완성하시오.

90. 冷 - (　　　) 91. 陸 - (　　　)

92. 勞 - (　　　)

※다음 訓과 音에 맞는 漢字를 쓰시오.

93. 차례 번 (　　　) 94. 병　병 (　　　)

95. 읽을 독 (　　　) 96. 옷　복 (　　　)

97. 떼　부 (　　　)

※다음 漢字에서 진하게 표시한 획은 몇 번째 쓰는지
<例>에서 찾아 그 번호를 쓰시오.

①1번째　②2번째　③3번째　④4번째
⑤5번째　⑥6번째　⑦7번째　⑧8번째
⑨9번째　⑩10번째　⑪11번째　⑫12번째

98. (　　　) 99. (　　　) 100. (　　　)

堂　　國　　光

- 58 -

전국한자능력검정시험 5급 답안지(1)

수험번호 □□□-□□-□□□□□
성명 □□□□□
주민등록번호 □□□□□□-□□□□□□□
※ 유성 싸인펜, 붉은색 필기구 사용 불가.

※답안지는 컴퓨터로 처리되므로 구기거나 더럽히지 마시고, 정답 칸 안에만 쓰십시오. 글씨가 채점란으로 들어오면 오답처리가 됩니다.

번호	답안란	채점	번호	답안란	채점	번호	답안란	채점	번호	답안란	채점
1			12			23			34		
2			13			24			35		
3			14			25			36		
4			15			26			37		
5			16			27			38		
6			17			28			39		
7			18			29			40		
8			19			30			41		
9			20			31			42		
10			21			32			43		
11			22			33			44		

※뒷면으로 이어짐

·· 절 취 선 ··

7Ⅱ ①   성명 [   ]

집 가 ( )	장인 공 ( )	농사 농 ( )	설 립 ( )	아닐 불 ( )
사이 간 ( )	기록할기 ( )	대답 답 ( )	매양 매 ( )	일 사 ( )
강 강 ( )	기운 기 ( )	길 도 ( )	이름 명 ( )	위 상 ( )
수레 거 ( )	사내 남 ( )	움직일동 ( )	물건 물 ( )	성 성 ( )
빌 공 ( )	안 내 ( )	힘 력 ( )	모 방 ( )	인간 세 ( )

7Ⅱ ②   성명 [   ]

손 수 (	)	낮 오 (	)	번개 전 (	)	왼 좌 (	)	바다 해 (	)
때 시 (	)	오른 우 (	)	앞 전 (	)	곧을 직 (	)	말씀 화 (	)
저자 시 (	)	스스로자 (	)	온전 전 (	)	평평할평 (	)	살 활 (	)
먹을 식 (	)	아들 자 (	)	바를 정 (	)	아래 하 (	)	효도 효 (	)
편안 안 (	)	마당 장 (	)	발 족 (	)	한수 한 (	)	뒤 후 (	)

···························· 절 취 선 ····························

전국한자능력검정시험 5급 답안지(2)

번호	답안란	채점	번호	답안란	채점	번호	답안란	채점	번호	답안란	채점
45			59			73			87		
46			60			74			88		
47			61			75			89		
48			62			76			90		
49			63			77			91		
50			64			78			92		
51			65			79			93		
52			66			80			94		
53			67			81			95		
54			68			82			96		
55			69			83			97		
56			70			84			98		
57			71			85			99		
58			72			86			100		

第14回 한자능력검정시험 5급

(시험시간 : 50분)　시험시작시간　時　分
　　　　　　　　　시험종료시간　時　分

※다음 漢字語의 讀音을 쓰시오.

1. 不德(*　　) 2. 福音(　　)
3. 具現(　　) 4. 奉讀(　　)
5. 有能(　　) 6. 産苦(　　)
7. 發令(　　) 8. 加熱(　　)
9. 給料(　　) 10. 落葉(　　)
11. 分類(　　) 12. 社屋(　　)
13. 交流(　　) 14. 完全(　　)
15. 着陸(　　) 16. 醫院(　　)
17. 再建(　　) 18. 原作(　　)
19. 末路(　　) 20. 最終(　　)
21. 死亡(　　) 22. 畫板(　　)
23. 待望(　　) 24. 病患(　　)
25. 歲寒(　　) 26. 凶惡(　　)

27. 그와의 만남은 宿命이었다.
　　　　　　　　　　(　　　　　)
28. 명절에 어른 찾아뵙는 것도 因習이다.
　　　　　　　　　　(　　　　　)
29. 그 소문은 實在 있는 이야기이다.
　　　　　　　　　　(　　　　　)
30. 삼촌은 박사 學位 취득을 하였다.
　　　　　　　　　　(　　　　　)
31. 漁夫는 추운 날에도 바다에 나간다.
　　　　　　　　　　(　　　　　)
32. 부산으로 海水浴 하러 가자.
　　　　　　　　　　(　　　　　)
33. 주지스님의 說法을 듣다.
　　　　　　　　　　(　　　　　)
34. 옛날엔 人力車를 이용하여 이동하였다.
　　　　　　　　　　(　　　　　)
35. 냉장고에도 장기저장하면 음식이 變質된다.
　　　　　　　　　　(　　　　　)

※다음 漢字의 訓과 音을 쓰시오.

36. 價(　　) 37. 雄(　　)
38. 談(　　) 39. 則(　　)
40. 牛(　　) 41. 件(　　)
42. 雲(　　) 43. 己(　　)
44. 冷(　　) 45. 打(　　)
46. 他(　　) 47. 吉(　　)
48. 唱(　　) 49. 壇(　　)
50. 賞(　　) 51. 領(　　)
52. 當(　　) 53. 停(　　)
54. 卓(　　) 55. 勝(　　)
56. 漢(　　) 57. 朝(　　)
58. 紙(　　)

※다음 밑줄 친 漢字語를 漢字로 쓰시오.

59. 우리나라는 사계절 춘하추동 이 뚜렷하다.
　　　　　　　　　　(　　　　　)
60. 내가 크면 두루두루 동서남북 여행해야지.
　　　　　　　　　　(　　　　　)
61. 나는 중간 위치가 좋아.
　　　　　　　　　　(　　　　　)
62. 나는 반장이 하고 싶어.
　　　　　　　　　　(　　　　　)
63. 옛날에는 초가가 많았다.
　　　　　　　　　　(　　　　　)
64. 눈이 내리면 설화가 핀다.
　　　　　　　　　　(　　　　　)

65. 축소된 <u>지도</u>를 그려 보자.

……………………… (　　　　　　)

66. 친구에게 <u>매번</u> 신세만 졌다.

……………………… (　　　　　　)

67. 초등학생 키가 <u>성년</u>들과 비슷하다.

……………………… (　　　　　　)

68. 화장실을 옛날에는 <u>변소</u>라고 했다.

……………………… (　　　　　　)

※다음 뜻에 맞는 漢字語를 漢字로 쓰시오.

69. 청풍 (맑은 바람)

……………………… (　　　　　　)

70. 유리 (이로움이 있음)

……………………… (　　　　　　)

71. 농촌 (농사짓는 마을)

……………………… (　　　　　　)

72. 자연 (스스로 생겨난 것)

……………………… (　　　　　　)

73. 가수 (노래를 부르는 일을 직업으로 삼는 사람)

……………………… (　　　　　　)

※(　)에 들어갈 漢字를 찾아 그 번호를 쓰시오.

| ①知　②文　③子　④止　⑤太 |
| ⑥言　⑦門　⑧母　⑨亡　⑩今 |

74. 不立(　　) 字　　**75.** (　　) 行合一

76. 父傳(　　)傳　　**77.** (　　)古時代

※다음 音은 같으나 뜻이 다른 漢字를 고르시오.

| ①赤　②億　③友　④節　⑤湖 |
| ⑥擧　⑦許　⑧黑　⑨效　⑩化 |

78. 去(　　　)　　**79.** 的(　　　)

80. 切(　　　)

※다음 漢字語의 뜻을 쓰시오.

81. 月明 : (　　　　　　　　　)

82. 日出 : (　　　　　　　　　)

83. 山高 : (　　　　　　　　　)

※다음 漢字의 略字(약자)를 쓰시오.

84. 禮(　　) **85.** 定(　　) **86.** 會(　　)

※같은 뜻의 漢字를 보기에서 골라 번호를 쓰시오.

<보기> ①勞　②物　③責　④歷　⑤約　⑥選

87. (　　　) – 史　　**88.** (　　　) – 品

89. (　　　) – 任

※반대되는 뜻의 漢字를 써서 단어를 완성하시오.

90. (　　　) – 外　　**91.** (　　　) – 後

92. (　　　) – 少

※다음 訓과 音에 맞는 漢字를 쓰시오.

93. 하여금 사 (　　　)　　**94.** 창　창 (　　　)

95. 사라질 소 (　　　)　　**96.** 이름 호 (　　　)

97. 비로소 시 (　　　)

※다음 ㉠획의 쓰는 순서를 골라 번호로 쓰시오.

①1번째	②2번째	③3번째	④4번째
⑤5번째	⑥6번째	⑦7번째	⑧8번째
⑨9번째	⑩10번째	⑪11번째	⑫12번째

98. (　　　)　**99.** (　　　)　**100.** (　　　)

來　左　右

■ 사단법인 한국어문회・한자능력검정회 주관

수험번호 □□□-□□-□□□□□
성명 □□□□□
주민등록번호 □□□□□□-□□□□□□□
※ 유성 싸인펜, 붉은색 필기구 사용 불가.

※답안지는 컴퓨터로 처리되므로 구기거나 더럽히지 마시고, 정답 칸 안에만 쓰십시오. 글씨가 채점란으로 들어오면 오답처리가 됩니다.

전국한자능력검정시험 5급 답안지(1)

번호	답안란	채점	번호	답안란	채점	번호	답안란	채점	번호	답안란	채점
1			12			23			34		
2			13			24			35		
3			14			25			36		
4			15			26			37		
5			16			27			38		
6			17			28			39		
7			18			29			40		
8			19			30			41		
9			20			31			42		
10			21			32			43		
11			22			33			44		

※뒷면으로 이어짐

·············· 절 취 선 ··············

8급 ①

성명 [   ]

가르칠 교 ( )	쇠 금 ( )	동녘 동 ( )	문 문 ( )	넉 사 ( )
학교 교 ( )	남녘 남 ( )	여섯 륙 ( )	백성 민 ( )	메 산 ( )
아홉 구 ( )	계집 녀 ( )	일만 만 ( )	흰 백 ( )	석 삼 ( )
나라 국 ( )	해 년 ( )	어미 모 ( )	아비 부 ( )	날 생 ( )
군사 군 ( )	큰 대 ( )	나무 목 ( )	북녘 북 ( )	서녘 서 ( )

8급 ②

성명 [   ]

먼저 선 ( )	다섯 오 ( )	사람 인 ( )	가운데중 ( )	여덟 팔 ( )
작을 소 ( )	임금 왕 ( )	날 일 ( )	푸를 청 ( )	배울 학 ( )
물 수 ( )	바깥 외 ( )	한 일 ( )	마디 촌 ( )	나라 한 ( )
집 실 ( )	달 월 ( )	긴 장 ( )	일곱 칠 ( )	형 형 ( )
열 십 ( )	두 이 ( )	아우 제 ( )	흙 토 ( )	불 화 ( )

·················· 절 취 선 ··················

전국한자능력검정시험 5 급 답안지(2)

번호	답안란	채점	번호	답안란	채점	번호	답안란	채점	번호	답안란	채점
45			59			73			87		
46			60			74			88		
47			61			75			89		
48			62			76			90		
49			63			77			91		
50			64			78			92		
51			65			79			93		
52			66			80			94		
53			67			81			95		
54			68			82			96		
55			69			83			97		
56			70			84			98		
57			71			85			99		
58			72			86			100		

第15回 한자능력검정시험 5급

(시험시간 : 50분)

시험시작시간 時   分
시험종료시간 時   分

※다음 漢字語의 讀音을 쓰시오.

1. 計畫(*   )
2. 勞苦(   )
3. 美展(   )
4. 消費(   )
5. 擧手(   )
6. 鼻音(   )
7. 競馬(   )
8. 兵科(   )
9. 朝鮮(   )
10. 汽車(   )
11. 筆法(   )
12. 首席(   )
13. 使臣(   )
14. 良識(   )
15. 惡德(   )
16. 式順(   )
17. 種別(   )
18. 要因(   )
19. 板紙(   )
20. 必勝(   )
21. 火災(   )
22. 親知(   )
23. 初等(   )
24. 落葉(   )
25. 安打(   )
26. 責善(   )

27. 뭐든지 노력하면 可能한 일이다.
  ……………………( )
28. 성적은 복습한 效果가 나타난다.
  ……………………( )
29. 마무리를 잘하여 有終의 미를 거두자.
  ……………………( )
30. 나는 祝福 받은 사람 같다.
  ……………………( )
31. 시골의 景致 좋은 곳에 살고 싶다.
  ……………………( )
32. 名節이 되면 친척들을 만난다.
  ……………………( )
33. 호감을 가질 수 있는 廣告를 해야한다.
  ……………………( )
34. 無情한 세월은 유수와 같다.
  ……………………( )
35. 아버지의 命令에 따른다.
  ……………………( )

※다음 漢字의 訓과 音을 쓰시오.

36. 見(   )
37. 患(   )
38. 決(   )
39. 序(   )
40. 末(   )
41. 亡(   )
42. 最(   )
43. 賣(   )
44. 量(   )
45. 禮(   )
46. 旅(   )
47. 晝(   )
48. 院(   )
49. 原(   )
50. 寒(   )
51. 河(   )
52. 規(   )
53. 健(   )
54. 念(   )
55. 示(   )
56. 操(   )
57. 敗(   )
58. 卓(   )

※다음 밑줄 친 漢字語를 漢字로 쓰시오.

59. 木(수) 旗(수) 先(수) 高(수) : 무슨 (수)일까요?
  ……………………( )
60. 우리 가족은 화목하다.
  ……………………( )
61. 선생님 부름에 대답했다.
  ……………………( )
62. 불행중 다행스런 일이다.
  ……………………( )
63. 여러 각도로 검토해 보자.
  ……………………( )
64. 천자문을 서당에서 배웠다.
  ……………………( )

자꾸 공부 하고픈 책 모의고사문제집   제15회

65. 병이 <u>급속</u>하게 악화 되었다.
.... (   )

66. 중동지역은 <u>석유</u> 산유국이다.
.... (   )

67. 명랑한 친구는 <u>사교</u>성이 좋다.
.... (   )

68. 출근길에는 <u>부분</u>적으로 정체현상이 생긴다.
.... (   )

※다음 뜻에 맞는 漢字語를 漢字로 쓰시오.

69. 특급 (특별한 등급)
.... (   )

70. 작금 (어제와 오늘)
.... (   )

71. 대리 (대신 다스림)
.... (   )

72. 신동 (재주와 지혜가 남달리 뛰어난 아이)
.... (   )

73. 신록 (초여름에 새로 나온 잎들의 초록빛)
.... (   )

※(   )에 들어갈 漢字를 찾아 그 번호를 쓰시오.

┌─────────────────────────────┐
│ ①界 ②川 ③海 ④路 ⑤夏 │
│ ⑥千 ⑦天 ⑧面 ⑨老 ⑩上 │
└─────────────────────────────┘

74. 世(   )平和   75. 四(   )兄弟

76. 敬(   )愛人   77. 不(   )長生

※다음 밑줄 친 단어에 맞는 한자어를 고르시오.

78. 컴퓨터 <u>실기</u>시험에서 합격했다.   (   )
①實技 ②失期 ③實記 ④失氣

79. 여름철 에어콘 사용은 <u>전력</u> 소모가 많다. (   )
①電力 ②全力 ③戰力 ④前歷

80. 모르는 것은 백과<u>사전</u>을 이용한다. (   )
①事前 ②死前 ③死戰 ④事典

※다음 뜻에 맞는 漢字語를 찾아 번호를 쓰시오.

┌─────────────────────────────┐
│ ①貴中   ②獨子   ③共産   │
│ ④貴重   ⑤獨自   ⑥公算   │
└─────────────────────────────┘

81. 저 혼자. .... (   )

82. 단체명의 높임말. .... (   )

83. 공동의 재산으로 관리함. ...... (   )

※다음 漢字의 略字(약자)를 쓰시오.

84. 氣(   ) 85. 戰(   ) 86. 樂(   )

※같은 뜻의 漢字를 써서 단어를 완성하시오.

87. 運 - (   )   88. (   ) - 木

89. 衣 - (   )

※반대되는 뜻의 漢字를 써서 단어를 완성하시오.

90. 去 - (   )   91. (   ) - 客

92. 黑 - (   )

※다음 訓과 音에 맞는 漢字를 쓰시오.

93. 마실 음 (   )   94. 기록할기 (   )

95. 종이 지 (   )   96. 몸 체 (   )

97. 의원 의 (   )

※다음 漢字에서 진하게 표시한 획은 몇 번째 쓰는지 <例>에서 찾아 그 번호를 쓰시오.

┌─────────────────────────────────────┐
│ ①1번째   ②2번째   ③3번째   ④4번째   │
│ ⑤5번째   ⑥6번째   ⑦7번째   ⑧8번째   │
│ ⑨9번째   ⑩10번째 ⑪11번째 ⑫12번째 │
└─────────────────────────────────────┘

98. (   )   99. (   )   100. (   )

色   男   西

- 66 -

기출예상문제[가]　　漢字能力檢定試驗　　5級 問題紙

(社)韓國語文會·韓國漢字能力檢定會　　(시험시간 : 50분)

※다음 문장에서 밑줄 친 漢字語의 讀音을 쓰시오.

[1] 당분간 客室에서 묵었다.
[2] 먼저 온 사람을 우대하는 先任 제도가 있다.
[3] 학습을 효과적으로 하기 위해 새로운 敎具를 준비하였다.
[4] 이번 실험에서 中性으로 판명되었다.
[5] 3·1 萬歲 운동은 매우 의의가 크다.
[6] 이 건물은 특수 木材를 사용하였다.
[7] 이번에 課長으로 승진하였다.
[8] 有害 식품은 건강에 해롭다.
[9] 그 날 以後로 더 노력하였다.
[10] 그 둘은 형태는 다르지만 本質은 같다.
[11] 굳은 信念을 가져야만 성공한다.
[12] 경기가 계속 좋을 것이라는 展望이 나왔다.
[13] 우연이기보다는 必然의 결과였다.
[14] 일석이조의 效果를 거두었다.
[15] 오랫동안 江湖에 묻혀 지냈다.
[16] 매주 양로원에서 奉仕하고 있다.
[17] 광부가 갱 속에서 石炭을 캔다.
[18] 많은 학생들이 이번 행사에 參加했다.
[19] 강물을 이용하여 運河를 만들었다.
[20] 기말고사에서 전교 等數가 올랐다.
[21] 가능한 한 最短 시일 내에 일을 마무리하였다.
[22] '환경과 오염'의 主題에 대해 글을 쓸 것이다.
[23] 2009년도 국가 代表로 선발되었다.
[24] 10월에 전국 合唱 대회가 열린다.
[25] 축구 競技에 사람이 많이 모였다.
[26] 부동산 賣買가 점차 활기를 띠고 있다.
[27] 앞으로 주요 觀光 산업이 될 것이다.
[28] 冬期엔 밤이 많이 길어진다.
[29] 일어나자마자 洗手부터 했다.
[30] 뼈를 붙이는 의료용 접착제가 開發되었다.
[31] 道德에 어긋난 행동은 삼가야 한다.
[32] 건국에 이바지한 功勞로 훈장을 받았다.
[33] 신혼부부용 住宅이 공급되었다.
[34] 은행 窓口는 항상 붐빈다.
[35] 온 국민이 團結하여 어려움을 이겨냈다.

1. 客室(　　　)　2. 先任(　　　)
3. 敎具(　　　)　4. 中性(　　　)
5. 萬歲(　　　)　6. 木材(　　　)
7. 課長(　　　)　8. 有害(　　　)
9. 以後(　　　)　10. 本質(　　　)
11. 信念(　　　)　12. 展望(　　　)
13. 必然(　　　)　14. 效果(　　　)
15. 江湖(　　　)　16. 奉仕(　　　)
17. 石炭(　　　)　18. 參加(　　　)
19. 運河(　　　)　20. 等數(　　　)
21. 最短(　　　)　22. 主題(　　　)
23. 代表(　　　)　24. 合唱(　　　)
25. 競技(　　　)　26. 賣買(　　　)
27. 觀光(　　　)　28. 冬期(　　　)
29. 洗手(　　　)　30. 開發(　　　)
31. 道德(　　　)　32. 功勞(　　　)
33. 住宅(　　　)　34. 窓口(　　　)
35. 團結(　　　)

※다음 漢字의 訓과 音을 쓰시오.

36. 都(　　　)　37. 初(　　　)
38. 典(　　　)　39. 告(　　　)
40. 書(　　　)　41. 物(　　　)
42. 士(　　　)　43. 半(　　　)
44. 飮(　　　)　45. 放(　　　)
46. 定(　　　)　47. 寫(　　　)
48. 童(　　　)　49. 順(　　　)
50. 情(　　　)　51. 分(　　　)
52. 種(　　　)　53. 雪(　　　)
54. 關(　　　)　55. 衣(　　　)
56. 仙(　　　)　57. 見(　　　)
58. 成(　　　)

기출예상문제 [가]

※다음 밑줄 친 漢字語를 漢字로 쓰시오.

59. 요즘 <u>감기</u>는 조심해야 합니다.
················· (　　　　)

60. 우리나라의 좋은 <u>풍습</u>을 지켜 나가야 합니다.
················· (　　　　)

61. <u>매월</u> 봉사활동을 나갑니다.
················· (　　　　)

62. 그 곳은 <u>교통</u>이 복잡합니다.
················· (　　　　)

63. <u>외출</u>하기에 좋은 날씨입니다.
················· (　　　　)

64. 그 상가는 <u>지하</u> 1층에 있습니다.
················· (　　　　)

65. 차례로 <u>입장</u>해야 합니다.
················· (　　　　)

66. 분명하게 <u>자신</u>의 의사를 밝히는 것이 좋습니다.
················· (　　　　)

67. 이번 <u>행사</u>는 규모가 매우 큽니다.
················· (　　　　)

68. 학교 소식을 알리는 <u>기자</u>로서 최선을 다했습니다.
················· (　　　　)

69. <u>특별</u>한 손님으로 초대 받았습니다.
················· (　　　　)

70. <u>전화</u>를 드려서 약속을 정했습니다.
················· (　　　　)

71. 영화관을 가려면 <u>시내</u>로 나가야 합니다.
················· (　　　　)

72. 이번 <u>대회</u>에서 우승할 것입니다.
················· (　　　　)

73. <u>가족</u>과 함께 하는 것은 행복합니다.
················· (　　　　)

※다음 訓音에 맞는 漢字를 쓰시오.

74. 각각 각 (　　　　) 　75. 눈　목 (　　　　)

76. 아침 조 (　　　　) 　77. 어제 작 (　　　　)

78. 꽃부리영 (　　　　)

※다음 漢字의 反對字를 써서 單語를 完成하시오.

79. (　　　) － 今　　80. 曲 － (　　　)

81. (　　　) － 終

※(　)안에 들어갈 한자어를 골라 번호로 쓰시오.

①生	②長	③堂	④言
⑤速	⑥牛	⑦愛	⑧里

82. 敬天(　　　)人　　83. 高(　　　)道路

84. 不遠千(　　　)　　85. 一口二(　　　)

※뜻이 같거나 비슷한 한자를 골라 번호로 쓰시오.

①音	②章	③末	④失	⑤偉	⑥止

86. 太 (　　　) 　87. 文 (　　　) 　88. 停 (　　　)

※다음 音은 같은데 뜻이 다른 漢字를 고르시오.

①線	②位	③右	④野	⑤車	⑥改

89. 雨 (　　　) 　90. 船 (　　　) 　91. 擧 (　　　)

※다음 漢字語의 뜻을 쓰시오.

92. 相知 : (　　　　　　　　　　)

93. 落葉 : (　　　　　　　　　　)

94. 名所 : (　　　　　　　　　　)

※다음 漢字의 略字를 쓰시오.

95. 對 (　　　) 　96. 號 (　　　) 　97. 區 (　　　)

※다음 漢字의 진하게 표시한 획은 몇 번째 쓰는지 <例>에서 찾아 그 번호를 쓰시오.

①1번째	②2번째	③3번째	④4번째
⑤5번째	⑥6번째	⑦7번째	⑧8번째

98. 路 (　　　) 　　99. 病 (　　　)

100. 式 (　　　)

- 68 -

성명 [   ]

기출예상문제[나]　　漢字能力檢定試驗　　5級 問題紙

(社)韓國語文會·韓國漢字能力檢定會　　(시험시간: 50분)

※ 다음 밑줄 친 漢字語의 讀音을 쓰시오.

1. 공부를 많이 한 <u>效果</u>로 시험을 잘 보았습니다.
 ………………………… (　　　　　)
2. 이번에도 실험이 <u>失敗</u>로 끝났습니다.
 ………………………… (　　　　　)
3. 규칙을 잘 지키면서 운동 <u>競技</u>를 합니다.
 ………………………… (　　　　　)
4. 우리는 씩씩한 대한의 <u>健兒</u>들입니다.
 ………………………… (　　　　　)
5. 오랜 연구 끝에 이것을 <u>考案</u>하였습니다.
 ………………………… (　　　　　)
6. 늘 <u>最善</u>을 다 하는 생활을 합니다.
 ………………………… (　　　　　)
7. 한 번 한 <u>約束</u>은 꼭 지켜야 합니다.
 ………………………… (　　　　　)
8. 배의 <u>船首</u>를 동쪽으로 돌렸습니다.
 ………………………… (　　　　　)
9. <u>獨島</u>는 동해에 있습니다.
 ………………………… (　　　　　)
10. 운동 <u>規則</u>은 꼭 지켜야 합니다.
 ………………………… (　　　　　)
11. 학교에 대한 <u>要望</u>사항이 참 많습니다.
 ………………………… (　　　　　)
12. 2월에 6학년이 <u>卒業</u>을 합니다.
 ………………………… (　　　　　)
13. 내 장래에 대하여 선생님과 <u>相談</u>을 하였습니다.
 ………………………… (　　　　　)
14. 가을은 <u>結實</u>의 계절입니다.
 ………………………… (　　　　　)
15. 그 일에 대하여 <u>晝夜</u>로 걱정을 하였습니다.
 ………………………… (　　　　　)
16. 집을 헐고 거기에 <u>再建</u>하였습니다.
 ………………………… (　　　　　)
17. 그 물건은 <u>價格</u>이 비쌉니다.
 ………………………… (　　　　　)
18. 부족한 돈을 <u>充當</u>해 놓았습니다.
 ………………………… (　　　　　)
19. 불편한 부엌을 <u>改良</u>하였습니다.
 ………………………… (　　　　　)
20. 교통사고의 <u>原因</u>을 조사합니다.
 ………………………… (　　　　　)

21. 내일 가겠다고 <u>通告</u>하였습니다.
 ………………………… (　　　　　)
22. 나는 야구에 <u>關心</u>이 많습니다.
 ………………………… (　　　　　)
23. 이순신 장군은 해전의 <u>英雄</u>입니다.
 ………………………… (　　　　　)
24. 우리 <u>歷史</u>를 잘 알아야 합니다.
 ………………………… (　　　　　)
25. 유도에서는 <u>落法</u>부터 익혀야 합니다.
 ………………………… (　　　　　)
26. 공책의 <u>種類</u>가 참 많습니다.
 ………………………… (　　　　　)
27. 도로 끝에 있는 <u>舊橋</u>를 건너가시면 됩니다.
 ………………………… (　　　　　)
28. 이 <u>廣野</u>를 걸어서 왔습니다.
 ………………………… (　　　　　)
29. 이번 추위로 큰 <u>寒害</u>를 입었습니다.
 ………………………… (　　　　　)
30. 외출 할 때는 부모님의 <u>許可</u>를 받습니다.
 ………………………… (　　　　　)
31. 그는 <u>性品</u>이 곱습니다.
 ………………………… (　　　　　)
32. 아버지가 <u>到着</u>하셨습니다.
 ………………………… (　　　　　)
33. 그것을 <u>識別</u>하는데 힘이 들었습니다.
 ………………………… (　　　　　)
34. 집에서 노래 <u>練習</u>을 합니다.
 ………………………… (　　　　　)
35. 시간을 <u>調節</u>하여 아껴 써야 합니다.
 ………………………… (　　　　　)

※ 다음 漢字의 訓과 音을 쓰시오.

36. 質 (　　　　)　　37. 板 (　　　　)
38. 患 (　　　　)　　39. 局 (　　　　)
40. 勞 (　　　　)　　41. 曜 (　　　　)
42. 寫 (　　　　)　　43. 責 (　　　　)
44. 團 (　　　　)　　45. 貯 (　　　　)
46. 奉 (　　　　)　　47. 料 (　　　　)

기출예상문제 [나]

48. 打 (　　　　) 49. 現 (　　　　)

50. 輕 (　　　　) 51. 熱 (　　　　)

52. 速 (　　　　) 53. 朗 (　　　　)

54. 救 (　　　　) 55. 査 (　　　　)

56. 的 (　　　　) 57. 湖 (　　　　)

58. 敬 (　　　　)

※다음 밑줄 친 漢字語를 漢字로 쓰시오.

59. 아침 공기가 맑습니다.
.... (　　　　)

60. 매일 아침, 이를 닦습니다.
.... (　　　　)

61. 산수 계산 문제를 풉니다.
.... (　　　　)

62. 사람이 지킬 근본은 효도입니다.
.... (　　　　)

63. 시장에 물건이 많습니다.
.... (　　　　)

64. 세계는 넓습니다.
.... (　　　　)

65. 아침 신문이 왔습니다.
.... (　　　　)

66. 남녀의 인권은 평등합니다.
.... (　　　　)

67. 실내가 조용합니다.
.... (　　　　)

68. 교장 선생님이 오십니다.
.... (　　　　)

69. 출입문을 닫습니다.
.... (　　　　)

70. 씩씩한 청년들이 옵니다.
.... (　　　　)

71. 우리 형제는 모두 셋입니다.
.... (　　　　)

72. 봄과 가을을 춘추라고 합니다.
.... (　　　　)

73. 동서쪽에 마을이 있습니다.
.... (　　　　)

※다음 訓音에 맞는 漢字를 쓰시오.

74. 집　　당 (　　　) 75. 느낄 감 (　　　)

76. 다행　행 (　　　) 77. 강할 강 (　　　)

78. 길　　로 (　　　)

※다음 漢字의 反對字를 써서 單語를 完成하시오.

79. 遠 – (　　　) 80. 曲 – (　　　)

81. 分 – (　　　)

※(　)안에 들어갈 한자어를 골라 번호로 쓰시오.

| ①變化 ②選手 ③順序 ④有口 |
| ⑤汽車 ⑥福利 ⑦草食 ⑧萬民 |

82. 陸上(　　　) : 달리기 등 뭍에서 하는 운동의
대표로 뽑힌 사람.

83. (　　　)動物 : 풀을 주로 먹고 사는 동물.

84. 特急(　　　) : 운행 속도가 빠른 탈것.

85. (　　　)無言 : 입은 있어도 할 말이 없음.

※뜻이 같거나 비슷한 한자를 골라 번호로 쓰시오.

| ①過 ②念 ③任 ④始 ⑤貴 ⑥末 |

86. 思 (　　) 87. 初 (　　) 88. 去 (　　)

※다음 漢字와 음은 같은데 뜻이 다른 漢字를 <例>
에서 두 개씩 찾아 그 번호를 쓰시오.

| ①州 ②罪 ③切 ④災 ⑤昨 ⑥展 |
| ⑦戰 ⑧族 ⑨注 ⑩在 ⑪終 ⑫章 |

89. 典 (　　, 　　) 90. 週 (　　, 　　)

91. 財 (　　, 　　)

※다음 漢字語의 뜻을 풀이하시오.

92. 古木 : (　　　　　　　　　　　　)

93. 養魚 : (　　　　　　　　　　　　)

94. 停止 : (　　　　　　　　　　　　)

※다음 漢字의 略字를 쓰시오.

95. 學 (　　) 96. 醫 (　　) 97. 圖 (　　)

※다음 漢字에서 진하게 표시한 획은 몇 번째 쓰는지
<例>에서 찾아 그 번호를 쓰시오.

| ①1번째 ②2번째 ③3번째 ④4번째 |
| ⑤5번째 ⑥6번째 ⑦7번째 ⑧8번째 |

98. 形 (　　)　　99. 邑 (　　)

100. 身 (　　)

- 70 -

기출예상문제[다] 漢字能力檢定試驗 5級 問題紙

(社)韓國語文會·韓國漢字能力檢定會　　(시험시간 : 50분)

※다음 밑줄 친 漢字語의 讀音을 쓰시오.

1. 이 물건은 <u>品質</u>이 매우 좋습니다. (　　)
2. 몸이 아파서 <u>病院</u>에 입원하였습니다. (　　)
3. 이것은 <u>最近</u>에 찍은 사진입니다. (　　)
4. <u>數量</u>이 많으니 부피도 큽니다. (　　)
5. 불편한 집을 <u>改良</u>하였습니다. (　　)
6. 축구 <u>競技</u>장이 매우 넓습니다. (　　)
7. 금의 <u>價格</u>이 많이 올랐습니다. (　　)
8. 견우성과 직녀성의 <u>傳說</u>이 아름답습니다. (　　)
9. 하루는 <u>晝夜</u>로 나뉩니다. (　　)
10. 피아노 <u>練習</u>을 많이 하였습니다. (　　)
11. 공부를 통해 <u>知識</u>이 늘어납니다. (　　)
12. 우리 <u>領海</u>에는 어종이 풍부합니다. (　　)
13. 박물관에 도착하자 <u>案內</u>원이 나왔습니다. (　　)
14. <u>陸上</u>선수는 키가 큽니다. (　　)
15. 아침과 저녁, 기온의 <u>變化</u>가 큽니다. (　　)
16. 공부한 <u>效果</u>가 있어 시험을 잘 보았습니다. (　　)
17. 생활을 알뜰히 하여 <u>財産</u>을 모았습니다. (　　)
18. 내 일은 내가 <u>責任</u>집니다. (　　)
19. <u>救急</u>약을 준비 해 둡니다. (　　)
20. 어부가 <u>漁具</u>를 손질하고 있습니다. (　　)
21. 공기가 맑은 것이 제일의 <u>祝福</u>입니다. (　　)
22. 기차가 지금 막 <u>到着</u>하였습니다. (　　)
23. 사전은 공부하는 데 꼭 <u>必要</u>합니다. (　　)
24. <u>過去</u>의 잘못을 반성 합니다. (　　)
25. 이 <u>鐵板</u>은 매우 두껍습니다. (　　)
26. 이번에 여행 <u>許可</u>를 받았습니다. (　　)
27. 일은 <u>順序</u>에 따라 해야 됩니다. (　　)
28. 그것은 내가 <u>熱望</u>하던 일입니다. (　　)
29. 학생은 학교의 <u>規則</u>을 지켜야 합니다. (　　)
30. 우리는 대한의 <u>健兒</u>입니다. (　　)
31. 국민이 <u>團結</u>해야 나라가 발전합니다. (　　)
32. 가을 산에는 <u>落葉</u>이 많이 쌓입니다. (　　)
33. 경기장에 <u>觀客</u>이 많습니다. (　　)
34. 농촌에 가서 <u>奉仕</u>활동을 하였습니다. (　　)
35. 공책의 <u>種類</u>가 너무 많습니다. (　　)

※다음 漢字의 訓과 音을 쓰시오.

36. 寒(　　)　　37. 災(　　)
38. 願(　　)　　39. 洗(　　)
40. 橋(　　)　　41. 獨(　　)
42. 給(　　)　　43. 停(　　)
44. 德(　　)　　45. 患(　　)
46. 勞(　　)　　47. 卓(　　)
48. 湖(　　)　　49. 操(　　)
50. 致(　　)　　51. 善(　　)
52. 貯(　　)　　53. 性(　　)
54. 歷(　　)　　55. 卒(　　)
56. 鮮(　　)　　57. 浴(　　)
58. 束(　　)

※다음 밑줄 친 漢字語를 漢字로 쓰시오.

59. 나이가 <u>매년</u> 늘어갑니다.
    ················· (   )

60. 영수는 <u>정직</u>한 어린이입니다.
    ················· (   )

61. 이 <u>도로</u>는 새로 만들었습니다.
    ················· (   )

62. <u>동물</u>은 움직이는 생물입니다.
    ················· (   )

63. <u>남북</u>으로 창을 냈습니다.
    ················· (   )

64. <u>부모</u>님께 효도를 합니다.
    ················· (   )

65. 우리는 삼<u>형제</u>입니다.
    ················· (   )

66. <u>계산</u>문제가 어렵습니다.
    ················· (   )

67. 국제 <u>평화</u>가 전쟁을 막습니다.
    ················· (   )

68. 날씨가 <u>조석</u>으로 선선합니다.
    ················· (   )

69. 아침에 <u>등산</u>을 합니다.
    ················· (   )

70. 쌀은 <u>농촌</u>에서 생산합니다.
    ················· (   )

71. 여기는 놀이 <u>장소</u>입니다.
    ················· (   )

72. 봄에는 <u>초목</u>에 싹이 납니다.
    ················· (   )

73. <u>학교</u>생활이 즐겁습니다.
    ················· (   )

※다음 訓音에 맞는 漢字를 쓰시오.

74. 뿌리 근 (   ) 75. 다스릴 리 (   )

76. 이길 승 (   ) 77. 아이 동 (   )

78. 빠를 속 (   )

※다음 漢字의 反對字를 써서 單語를 完成하시오.

79. (   ) - 舊   80. (   ) - 他

81. (   ) - 無

※( )안에 들어갈 한자어를 골라 번호로 쓰시오.

| ①選擧 | ②孝親 | ③感情 | ④英雄 |
| ⑤現代 | ⑥信號 | ⑦成敗 | ⑧三日 |

82. 交通(   ) : 차량의 질서를 유도.

83. (   )公約 : 입후보자의 공적인 약속.

84. 敬老(   ) : 어른 공경, 부모에게 효도.

85. 作心(   ) : 먹은 마음이 단단하지 못함.

※뜻이 같거나 비슷한 한자를 골라 번호로 쓰시오.

| ①朗 | ②遠 | ③倍 | ④止 | ⑤展 | ⑥言 |

86. 談 (   ) 87. 終 (   ) 88. 永 (   )

※音은 같은데 뜻이 다른 漢字를 두 개씩 고르시오.

| ①輕 | ②告 | ③共 | ④曲 | ⑤界 | ⑥偉 |
| ⑦京 | ⑧賞 | ⑨使 | ⑩寫 | ⑪基 | ⑫考 |

89. 査 (   )(   ) 90. 固 (   )(   )

91. 景 (   )(   )

※다음 뜻풀이에 맞는 漢字語를 찾아 번호를 쓰시오.

| ①再思 ②事記 ③高校 ④才士 ⑤史記 |
| ⑥高敎 ⑦才思 ⑧士氣 ⑨古敎 |

92. 다시 생각함. ············· (   )

93. 역사적 사실을 적은 책. ······ (   )

94. 고등학교의 준말. ············· (   )

※다음 漢字의 略字를 쓰시오.

95. 戰 (   ) 96. 發 (   ) 97. 氣 (   )

※다음 漢字에서 진하게 표시한 획은 몇 번째 쓰는지 <例>에서 찾아 그 번호를 쓰시오.

| ①1번째 | ②2번째 | ③3번째 | ④4번째 |
| ⑤5번째 | ⑥6번째 | ⑦7번째 | ⑧8번째 |

98. (   ) 99. (   ) 100. (   )

合 地 在

기출예상문제[라]　漢字能力檢定試驗　5級 問題紙

(社)韓國語文會·韓國漢字能力檢定會　(시험시간 : 50분)

※ 다음 밑줄 친 漢字語의 讀音을 쓰시오.

1. 강에서 <u>許可</u>받지 않은 낚시는 불법입니다. ( )
2. <u>參戰</u> 16개국의 10여만 명 군인들이 이 땅에서 피흘려 죽어 한국을 지켰다. ( )
3. <u>偉大</u>한 삶은 말없는 실천에서 온다. ( )
4. <u>先決</u>조건을 요구하지 않고 협상하였다. ( )
5. 선생님의 평안과 <u>健勝</u>을 기원합니다. ( )
6. <u>團結</u>하면 살고 분열하면 망한다. ( )
7. <u>事實</u>과 진실은 언론 보도의 생명이다. ( )
8. 교육은 <u>品格</u>있는 국민을 길러야 한다. ( )
9. <u>過去</u>청산으로 다투면 나라는 분열한다. ( )
10. 조상이 쌓은 <u>德業</u>을 오래 기려야 한다. ( )
11. <u>新鮮</u>한 야채를 많이 드시기 바랍니다. ( )
12. <u>責望</u>할 일이 있으면 사랑으로 충고하세요. ( )
13. 세계 최저 <u>出産</u>이 계속되면 2300년에는 한국과 한민족이 사라진다. ( )
14. 그는 입산수도하며 <u>神仙</u>같은 삶을 살았다. ( )
15. 일의 <u>成敗</u>는 마음자세에 달려 있다. ( )
16. <u>自活</u>의 기반을 마련하여 회사를 살렸다. ( )
17. 그는 <u>氣運</u>을 차리고 사태를 파악 하였다. ( )
18. 역사가는 공평무사한 <u>史觀</u>을 가져야 한다. ( )
19. 한자는 <u>筆順</u>을 잘 익혀야 오래 기억된다. ( )
20. <u>車馬費</u> 명목의 뇌물도 받으면 위법이다. ( )
21. 평소 <u>貯金</u>을 많이 하면 어려울 때 편하다. ( )
22. <u>約束</u>을 지키는 것은 신용사회의 지름길이다. ( )
23. <u>都市</u>는 번영과 퇴영의 두 얼굴을 가졌다. ( )
24. 사랑 이상으로 <u>藥效</u>가 좋은 것이 없다. ( )
25. 이 기계는 <u>高價</u>의 카메라를 탑재하고 있다. ( )
26. 인생의 <u>目的</u>이 분명하면 흔들리지 않는다. ( )
27. <u>屋外</u>집회는 소음 발생에 주의해야 한다. ( )
28. 그는 <u>葉書</u>에 예쁜 시를 써서 보냈다. ( )
29. 북한은 최근 독재 <u>末期</u>현상을 보이고 있다. ( )
30. 천안함 사태는 북한의 <u>赤化</u>야욕이 전혀 불변임을 보여 준다. ( )
31. 선비는 <u>變節</u>하지 않고 지조를 지켜야 한다. ( )
32. 아파트에 <u>浴室</u>을 두세 개씩 둠은 사치이다. ( )
33. <u>雨天</u>시에는 행사를 연기합니다. ( )
34. 그는 6.25 때 나라를 지킨 <u>英雄</u>이었다. ( )
35. 명량 해협은 두 <u>陸地</u>사이가 매우 좁다. ( )

※ 다음 漢字의 訓과 音을 쓰시오.

36. 談 (　　) 37. 着 (　　)
38. 害 (　　) 39. 念 (　　)
40. 堂 (　　) 41. 氷 (　　)
42. 思 (　　) 43. 唱 (　　)
44. 建 (　　) 45. 加 (　　)
46. 島 (　　) 47. 歷 (　　)
48. 流 (　　) 49. 寒 (　　)
50. 首 (　　) 51. 獨 (　　)
52. 必 (　　) 53. 情 (　　)
54. 材 (　　) 55. 打 (　　)
56. 任 (　　) 57. 友 (　　)
58. 患 (　　)

기출예상문제 [라]

※다음 밑줄 친 漢字語를 漢字로 쓰시오.

59. 겨울에는 <u>동복</u>을 입고 근무한다.
　…………………………………… (　　　　　　)

60. <u>부친</u>은 엄하고 모친은 자애롭다.
　…………………………………… (　　　　　　)

61. <u>십장생</u>의 수가 그려진 병풍을 만들었다.
　…………………………………… (　　　　　　)

62. 결혼 <u>예물</u>은 검소하게 준비하였다.
　…………………………………… (　　　　　　)

63. 가족은 하루 5분이라도 <u>대화</u>를 해야 한다.
　…………………………………… (　　　　　　)

64. <u>노인</u> 인구 증가로 고령화 사회가 되었다.
　…………………………………… (　　　　　　)

65. 가정에서부터 <u>생명</u> 존중을 가르쳐야 한다.
　…………………………………… (　　　　　　)

66. <u>공명</u>한 선거로 지역 일꾼을 뽑아야 한다.
　…………………………………… (　　　　　　)

67. 6.25 때 학도병들은 <u>군번</u> 없이 참전하고 나라를 위해 목숨을 바쳤다. …… (　　　　　　)

68. 한국은 저탄소 <u>녹색</u> 성장 국가로 앞서간다.
　…………………………………… (　　　　　　)

69. 인간의 <u>도리</u>를 가르치는 것이 교육이다.
　…………………………………… (　　　　　　)

70. <u>산술</u> 능력은 인간의 기본 학습 능력이다.
　…………………………………… (　　　　　　)

71. <u>농촌</u>도 새로운 경영기법이 도입되고 있다.
　…………………………………… (　　　　　　)

72. <u>신용</u>은 인간관계의 기본이다.
　…………………………………… (　　　　　　)

73. 글의 <u>행간</u>을 잘 파악해 읽어야 한다.
　…………………………………… (　　　　　　)

※다음 訓音에 맞는 漢字를 쓰시오.

74. 들을 문 (　　　　) 　　75. 아우 제 (　　　　)

76. 동산 원 (　　　　) 　　77. 빠를 속 (　　　　)

78. 다행 행 (　　　　)

※다음 漢字의 反對字를 써서 單語를 完成하시오.

79. (　　　　) - 冷 　　80. 勞 - (　　　　)

81. (　　　　) - 終

※(　)안에 들어갈 한자어를 골라 번호로 쓰시오.

① 合	② 士	③ 耳	④ 上
⑤ 規	⑥ 朝	⑦ 說	⑧ 牛

82. 語不成(　　　) 　　83. 馬(　　　)東風

84. 花(　　　)月夕 　　85. 過失相(　　　)

※뜻이 같거나 비슷한 한자를 골라 번호로 쓰시오.

①公	②旅	③習	④爭	⑤典	⑥發

86. 競(　　　) 　87. 客(　　　) 　88. 練(　　　)

※다음 音은 같은데 뜻이 다른 漢字를 고르시오.

①具	②記	③吉	④宿	⑤洋	⑥船

89. 旗(　　　) 　90. 選(　　　) 　91. 養(　　　)

※다음 漢字의 뜻을 쓰시오.

92. 因果 : (　　　　　　　　　　　　)

93. 育兒 : (　　　　　　　　　　　　)

94. 最善 : (　　　　　　　　　　　　)

※다음 漢字의 略字를 쓰시오.

95. 號(　　　) 　96. 樂(　　　) 　97. 區(　　　)

※다음 漢字에서 진하게 표시한 획은 몇 번째 쓰는지 <例>에서 찾아 그 번호를 쓰시오.

①1번째	②2번째	③3번째	④4번째
⑤5번째	⑥6번째	⑦7번째	⑧8번째
⑨9번째	⑩10번째	⑪11번째	⑫12번째

98. (　　　) 　　99. (　　　) 　　100. (　　　)

比　炭　展

□ 100점 만점에 70점이상 합격(70%) □

모의고사해답

특 징

▷문제와 해답이 같은 서식이므로 쉽게 대조.

▷훈음과 뜻풀이를 수록함으로써 자습능력을 키움.

▷해답으로 먼저 공부하고 풀어 봄으로써 자신감 부여.

一 독음문제 : 대표훈음을 수록함으로써 오답을 바로 잡을 수 있음.

※ 주의사항 일자다음자와 두음법칙으로 인한 착오가 없도록 한다.

二 훈음문제 : 모든급수에서 골고루 출제.
三 단어문제 : 단어의 뜻풀이를 첨가함으로써 국어공부 향상.
四 고사성어 : 고사성어의 독음과 뜻풀이 첨가.
五 반 대 자 : 훈음을 첨가하여 이해하기 쉽도록 구성.
　유 의 자
六 약자문제 : 전체 2번씩 출제.
七 일자다음자 : 독음문제에(*) 반영시킴.
八 동음이의어 : 뜻풀이를 첨가하여 비교할 수 있도록 구성.
九 뜻 풀 이 : 뜻이 여럿 있는 단어위주로 출제.
十 조 어 력 : 문법구조 설명.

도움말

① "㊂"- 유의자 "㊐"- 반대자 표시
② "※"- 일자다음자 또는 두음법칙 표시

□ 일자다음자 □

不	┌ 아닐 불 └ 아닐 부	不問 (불문)	不孝 (불효)
		不動 (부동)	不正 (부정)
樂	┌ 노래 악 ├ 즐길 락 └ 좋아할요	歌樂 (가악)	洋樂 (양악)
		和樂 (화락)	同樂 (동락)
		樂山 (요산)	樂水 (요수)
便	┌ 편할 편 └ 오줌 변	方便 (방편)	車便 (차편)
		便所 (변소)	用便 (용변)
車	┌ 수레 차 └ 수레 거	火車 (화차)	車道 (차도)
		人力車 (인력거)	
北	┌ 북녘 북 └ 달아날배	南北 (남북)	北向 (북향)
		敗北 (패배)	
惡	┌ 악할 악 └ 미워할오	善惡 (선악)	惡習 (악습)
		惡寒 (오한)	
參	┌ 참여할참 └ 석 삼	參席 (참석)	參加 (참가)
		參萬 (삼만)	參億 (삼억)
則	┌ 법칙 칙 └ 곧 즉	法則 (법칙)	校則 (교칙)
		然則 (연즉)	
宅	┌ 집 택 └ 집 댁	宅地 (택지)	住宅 (주택)
		宅內 (댁내)	貴宅 (귀댁)
畵	┌ 그림 화 └ 그을 획	畵家 (화가)	畵室 (화실)
		計畵 (계획)	畵順 (획순)

□ 두음법칙 □

ㄴ→ㅇ	女(녀→여)	年(년→연)	念(념→염)	
ㄹ→ㄴ	老(로→노)	來(래→내)	路(로→노)	綠(록→녹)
	落(락→낙)	朗(랑→낭)	冷(랭→냉)	勞(로→노)
ㄹ→ㅇ	立(립→입)	力(력→역)	里(리→이)	林(림→임)
	禮(례→예)	利(리→이)	李(리→이)	例(례→예)
	理(리→이)	良(량→양)	量(량→양)	旅(려→여)
	歷(력→역)	練(련→연)	領(령→영)	令(령→영)
	料(료→요)	類(류→유)	流(류→유)	陸(륙→육)

- 76 -

第1回 한자능력검정시험(해답) 5급

(시험시간 : 50분)

독음 문제 … "쑸"글자 다음 글자 독음별로 주의합시다.

1. 念頭 [염두]
2. 價格 [가격]
3. 落選 [낙선]
4. 改善 [개선]
5. 朗讀 [낭독]
6. 用件 [용건]
7. 冷情 [냉정]
8. 規定 [규정]
9. 良民 [양민]
10. 見聞 [견문]
11. 重賞 [중상]
12. 部首 [부수]
13. 旅團 [여단]
14. 都賣 [도매]
15. 歷代 [역대]
16. 變速 [변속]
17. 領海 [영해]
18. 傳記 [전기]
19. 受愛 [수애]
20. 飮福 [음복]
21. 料金 [요금]
22. 終局 [종국]
23. 類別 [유별]
24. 罪惡 [죄악]
25. 流失 [유실]
26. 知能 [지능]
27. 우리 삼촌은 陸軍이다. [육군]
28. 赤色 신호등은 붉음이어야 한다. [적색]
29. 禮度가 반듯한 젊은이로 理致를 거스릴 순 없다. [예도] [이치]
30. 모든 일에는 理致를 거스를 순 없다. [이치]
31. 福願을 거슬러야 한다. [축원]
32. 회사에서 重要한 祕願 한다. [비원]
33. 일 처리에 例外가 있어서는 곤란하다. [예외]
34. 야산을 깎아서 宅地 개발에 문주하다. [택지]

독음 문제 … 맞춤법에 주의합시다.

35. (②): ①生老 ②熱말 ③立場 ④冷寒
   <난—연> <열> <원—입> <랭—내>

36. 學 들 거
37. 漁 고기잡을 어
38. 敬 공경 경
39. 開 열 개
40. 許 하락할 허
41. 郡 고을 군
42. 湖 호수 호
43. 鼻 코 비
44. 化 될 화
45. 費 조사할 사
46. 的 과녁 적
47. 氷 얼음 빙
48. 傳 전할 전
49. 耳 귀 이
50. 展 펼 전
51. 浴 목욕할 욕
52. 調 고를 조
53. 加 더할 가
54. 養 기를 양
55. 始 비로소 시
56. 期 기약할 기
57. 他 다를 타
58. 練 익힐 련

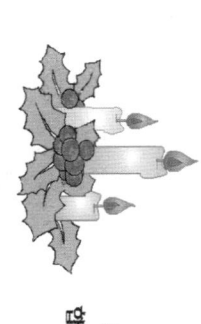
축 합 격

단어 문제 … (반대자) 뜻을 참고하여 공부합시다.

59. 우리 집안에 못들 줌을 추자. [長短]
60. 우리 가족은 고통을 함께한다. [苦樂]
61. 재미있는 문답시간이 들어있다. [問答]
62. 그림은 원근을 잘 살펴야 한다. [遠近]
63. 극물 절약 강약을 잘 조절하자. [强弱]

64. 공부를 많이 하여 심신이 피로하자. [心身]
65. 항상 언행을 조심하는 사람이 되자. [言行]
66. 재임에서 현격한 실력이 크다. [前後]
67. 친구의 곤란한 경우에도 시휠이 결정이 크다.[死活]
68. 환절기에는 조석으로 기온차가 크다. [朝夕]

단어 문제 … (반대자) 뜻을 참고하여 공부합시다.

69. 주야 (낮과 밤) [畫夜]
70. 춘추 (봄과 가을) [春秋]
71. 고금 (예와 지금) [古今]
72. 다소 (많고 적음) [多少]
73. 조손 (할아비와 손자) [祖孫]

사자성어 문제 … 뜻을 참고하여 공부합시다.

74. 電(①光)石火
75. 人(③命)在天
76. 소(⑥耳)讀正
77. 以(⑧實)直告
78. 角度
79. 同和(④童畫)
80. 意識(③衣食)

동음이의어 문제 …
각 ▷角度 : 각의 크기
  ▷各道 : 각기의 도
동 ▷同和 : 마음이 화합함
  ▷童畫 : 어린이가 그린 그림
의 ▷意識 : 사물에 대해 느끼거나 깨닫는 작용
  ▷衣食 : 옷과 음식

81. 실물(生)²을 보고 그대로 그림 (⑤寫生)
82. 인간(案)²을 생각해 냄 …… (③考案)
83. 戰(敗) [패]
84. 算(數) [수]
85. 號
86. 算
87. 가(家) - 屋
88. 산(山) - 河
89. 시(始) - 初
90. 발(發) - 着
91. 승(勝) - 敗

약자 문제 … 정자와 약자를 다 익히도록 합시다.

92. 體(体)
93. 發 (①式)
94. 體 (題)
95. 勇 (勇)
96. 章 (清)
97. 草 (章)

필순 문제 … 한획을 먼저 쓰는 정확히 익혀야 합니다.

98. ⑨ 세로보다 가로획을 먼저 쓴다.
99. ⑤ 뺄래(ノ)를 만저, 파임(\)은 나중에 쓰는 원칙
100. ⑥ 꿰뚫는 획(一)은 나중에 쓰는 원칙

78. 角度 ▷角度 : 각의 크기 ▷各道 : 각기의 도
79. 同和 ▷同和 : 마음이 화합함 ▷童畫 : 어린이가 그린 그림
80. 意識 ▷意識 : 사물에 대해 느끼거나 깨닫는 작용 ▷衣食 : 옷과 음식

第 2 回 한자능력검정시험(해답) 5급

(시험시간 : 50분)

독음 문제 … "茶" 일자다음자·두음법칙 주의합시다.

1. 關心 [관심] 판계함/어음심
2. 賣出 [매출] 팔매/날출
3. 觀光 [관광] 볼관/빛광
4. 無形 [무형] 없을무/모양형
5. 陸橋 [육교] 뭍륙/다리교
6. 倍加 [배가] 곱배/더할가
7. 救急 [구급] ※두음법칙 구원할구/급할급
8. 技法 [기법] 재주기/법법
9. 知己 [지기] 알지/몸기
10. 比重 [비중] 견줄비/무거울중
11. 技能 [기능] 재주기/능할능
12. 寫本 [사본] 베낄사/근본본
13. 基因 [기인] 터기/인할인
14. 意思 [의사] 뜻의/생각사
15. 古事 [고사] 예고/일사
16. 位相 [위상] 자리위/서로상
17. 理念 [이념] ※두음법칙 다스릴리/생각념
18. 問選 [간선] 사이간/가릴선
19. 會談 [회담] 모일회/말씀담
20. 船長 [선장] 배선/긴장
21. 記數 [기수] 기록할기/셈수
22. 萬歲 [만세] 일만만/해세
23. 當然 [당연] 마땅당/그럴연
24. 兒名 [아명] 아이아/이름명
25. 獨身 [독신] 홀로독/몸신
26. 美態 [미태] 아름다울미/모습태

27. 나는 성격이 明朗하다. [명랑]
28. 惡童도 연습을 통해서 금메달을 딸 수 있다. [악동]
29. 경찰은 善良한 시민을 家臣으로 지킨다. [선량] [가신]
30. 내가 하는 집 안에는 病歷란이 있다. [병력]
31. 지원서에 材質의 나무가 쓸모 있다. [재질]
32. 단단한 材質의 나무가 쓸모 있다. [재질]
33. 우리 누나는 洗練되었다. [세련]
34. 熱量이 높다고 미문에 건강에 좋은 것은 아니다. [열량]

※다음 중에서 "주"의 독음이 틀린 하나를 고르시오.
〈 不 : 이닐 불 / 아닐 부 / ㅈ,ㄷ앞에서는 "부", 그외에서는 "불"로 읽습니다. 〉

35. (④) : ①不動 ②不足 ③不任 ④不孝
부동 부족 부재 불효

훈음 문제 … 맞춤법에 주의해 주십시다.

36. 建 세울 건
37. 行 다닐 행
38. 格 격식 격
39. 向 향할 향
40. 輕 가벼울 경
41. 落 떨어질 락
42. 祝 빌 축
43. 固 굳을 고
44. 舊 예 구
45. 遠 멀 원
46. 友 벗 우
47. 億 억 억
48. 任 맡길 임
49. 景 볕 경
50. 災 재앙 재
51. 局 판 국
52. 典 법 전
53. 貴 귀할 귀
54. 致 이룰 치
55. 葉 잎 엽
56. 改 고칠 개
57. 屋 집 옥
58. 用 쓸 용

단어 문제 … 뜻을 참고하여 공부합시다.

59. (공)共 (공)式 (공)開 [公]
(공비/공공식/공개)
60. (공)園 [世界]
한국은 세계 속의 으뜸.
(세계: 지구 위의 모든 지역)
61. 할아버지 과수원에 간다. [果樹園]
(과수원: 과실나무를 재배하는 농원)
62. 형은 高等학교에 진학한다. [高等]
(고등: 등급이 높음)
63. 오늘 감기 때문에 결석한다. [感氣]
(감기: 기침이나 콧물이 나오는 병증)

---

64. 방학동안 독서를 많이 해야지. [讀書]
(독서: 책을 읽음)
65. 자꾸 해서 계속 시계만 보았다. [時計]
(시계: 시간을 나타내는 기계장치)
66. 실수를 해서 體面이 말이 아니다. [體面]
(체면: 남을 대하는 면목)
67. 공부를 잘 하려면 根性이 있어야 한다. [根性]
(근성: 뿌리 깊이 박힌 성질)
68. 착한 내 친구는 근래에 보기 드문 好生이다. [近來]
(근래: 요즈음)

단어 문제 … 뜻을 참고하여 공부합시다.

69. 고대(옛날 시대) [古代]
70. 예제(예로 드는 제목) [例題]
71. 하복(여름에 입는 옷) [夏服]
72. 동화(아이들이 이야기) [童話]
73. 특사(특별히 파견되는 사신) [特使]

사자성어 문제 … 뜻을 참고하여 공부합시다.

74. 自(②問)自答 [자문자답]
자문자답: 제가 스스로 묻고 제가 답함
75. 生死苦(④樂) [생사고락]
생사고락: 삶과 죽음, 괴로움과 즐거움(모두)
76. 花(③朝)月夕 [화조월석]
최조월석: 꽃이 핀 아침과 달밝은 저녁이라는 말로 경치가 좋은 시절
77. 文化外(⑧文) [문화외문]

동음이의어 문제 … ▷같은 소리로 다른 뜻을 지닌 한자어.
▷동음이의 뜻을 비교해 봅시다.

①團 단 ②展 전 ③對 대 ④鮮 선 ⑤板 판
⑥島 도 ⑦初 초 ⑧終 종 ⑨慶 경 ⑩命 명

78. 壇 단 (①團) 79. 待 기다릴 때 (③對)
모임 단 대할 대
80. 都 도읍도 (⑥島)
섬 도

뜻풀이 문제 … 수식관계(앞에서 뒤로 풀이)

81. 實物 : (실물) 실제의 물건. *實[실제]
82. 原料 : (원료) 원래의 재료. *原[원래]
83. 浴室 : (욕실) 목욕하는 곳.

약자 문제 … 정자와 약자를 다 익히도록 합시다.

84. 數(数) 85. 畫(画) 86. 藥(薬)

유의자 문제 (한자성어) … 뜻을 생각해 봅시다.

87. (②競)-爭 다툴경/다툴쟁
경쟁
88. (⑥規)-則 법규/법칙
규칙
89. 過-(④去) 지날과/갈거
과거

반대자 문제 (한자성어) … 뜻을 생각해 봅시다.

90. (江)-山 강강/뫼산
강산
91. 男(男)-女 사내남/계집녀
남녀
92. 强-弱 강할강/약할약
강약

한자쓰기 문제 … 한획 한획 정확히 익힙시다.

93. 이길 승 (勝)
94. 이룰 성 (成)
95. 줄 선 (線)
96. 자리 석 (席)
97. 익힐 습 (習)

필순 문제 … 기본원칙에 따라 정확히 씁니다.

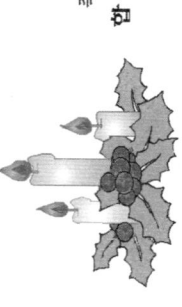

98. 放 ノ보다 ㄱ을 먼저 쓰는 원칙. ③ 3번째
[필순] ` 亠 方 方 放 放
99. 地 "ㄱ"을 먼저 쓰는 원칙. ④ 4번째
[필순] ㆍ - ナ ナ 圠 圠地
100. 都 阝에서 ㄱ을 먼저 쓰는 원칙. ⑧ 8번째
[필순] ㆍ ㅕ ギ 者 者 都 都郡

第3回 한자능력검정시험(해답) 5급

(시험시간 : 50분)

독음 문제 … "樂"의 갈라다듬자·독음법에 주의합시다.

1. 敗北 [패배]
2. 比肩 [비견]
3. 觀客 [관객]
4. 倍數 [배수]
5. 農具 [농구]
6. 奉養 [봉양]
7. 健全 [건전]
8. 銀河 [은하]
9. 到來 [도래]
10. 許諾 [허락]
11. 鐵馬 [철마]
12. 特許 [특허]
13. 德望 [덕망]
14. 順位 [순위]
15. 相當 [상당]
16. 曲線 [곡선]
17. 建軍 [건군]
18. 品格 [품격]
19. 課題 [과제]
20. 決勝 [결승]
21. 吉凶 [길흉]
22. 給食 [급식]
23. 效能 [효능]
24. 結末 [결말]
25. 示現 [시현]
26. 敬老 [경로]
27. 젊은 부부는 育兒를 한다. [육아]
28. 사회적으로 貴族이 되다. [귀족]
29. 삼촌은 漁業을 하신다. [어업]
30. 오늘 점심은 給食을 맛있게 먹었다. [급식]
31. 나의 적은 億萬金으로도 바꿀 수 없다. [억만]
32. 이분은 자동차세금을 내는 期間이다. [기간]
33. 수학경시대회에 參加하였다. [참가]
34. 금속을 불에 가열했다가 急冷한다. [급랭]

35. 다음 중에서 "樂"의 독음이 틀린 하나를 고르시오.
< 樂: 즐길 락 / 노래 악 / 좋아할 요 >
(③): ①風樂 ②歌樂 ③和樂 ④國樂
가악 화악 국악

독음 문제 … 맞춤법에 주의합시다.

36. 說 말씀 설
37. 號 이름 호
38. 性 성품 성
39. 美 아름다울 미
40. 洗 씻을 세
41. 貯 쌓을 저
42. 寫 베낄 사
43. 着 붙을 착
44. 初 처음 초
45. 因 인할 인
46. 競 다툴 경
47. 橋 다리 교
48. 思 생각 사
49. 赤 붉을 적
50. 歲 해 세
51. 畫 그림 화
52. 財 재물 재
53. 願 원할 원
54. 考 생각할 고
55. 可 옳을 가
56. 止 그칠 지
57. 爭 다툴 쟁
58. 熱 더울 열

단어 문제 … (뜻의자) 뜻을 참고하여 공부합시다.

59. 영어는 문장으로 외운다. [文章]
60. 동생은 계산을 잘 한다. [計算]
61. 항상 의복을 깨끗이 입자. [衣服]
62. 공부하는 도로에 위험에 있다. [道路]
63. 선생님은 교훈이 되신다. [敎訓]

64. 비슷한 물건들을 구별해 보자. [區別]
65. 우리 우정은 영원히 변치 말자. [永遠]
66. 잘못된 것은 근본적으로 고치자. [根本]
67. 건강한 정신은 건강한 신체에서! [身體]
68. (신체: 몸)

단어 문제 … (유의자) 뜻을 참고하여 공부합시다.

69. 청풍 [淸風]
70. 해안 [海洋]
71. 정원 [庭園]
72. 영재 [英才]
73. 집합 [集合]

사자성어 문제 (완성형)

74. 見 (萬 物) 生 心 [物]
75. 九 (③死) 一生 [死]
76. 國 (④土) 開發 [土]
77. 以 (①心) 傳心 [心]

동음이의어 문제 … 이숙한 뜻의 동음이의어 뜻을 비교합시다.

78. 歷史 [力士]
79. 果實 [過失]
80. 鮮明 [船名]

조어력 문제 … 수식관계에서 뒤를 만듦

81. 아침(朝) 인사(禮) [朝禮]
82. 정해(定) 가격(價) [定價]
83. 공중(公)의 건강과 환경에 미치는 해(害). [公害]
84. 樂(樂) 85. 對(對) 86. 圖(圖)

유의자 문제 (완성형) … 뜻을 참고하여 공부합시다.

87. 生 - (活) 生活
88. 談 - (話) 談話

반대자 문제 (완성형) … 한쪽 반의 흩어짐이 있도록 합시다.

89. 始 - (終)
90. 新 - (舊)
91. 有 - (無)
92. 扶 - (術) 技術

한자쓰기 문제

93. 지경 계 [界]
94. 어제 작 [昨]
95. 높을 고 [高]
96. 눈 설 [雪]
97. 쌀 미 [米]

필순 문제 … 글자를 다 쓰고 마지막에 떨구는 정확히 익힘니다.

98. ⓒ 언을 다 쓰고 기문안쪽에 떨구는 점획을 맨 나중에 [8 번째]
99. ⓒ ノ 보다는 "ㄱ"을 먼저 쓰는 원칙. [1번째]
100. ⓒ B에서 "ㄱ"을 먼저 쓰는 원칙 [10번째]

固
局
朝

第4回 한자능력검정시험(해답) 5급

(시험시간 : 50분)

※다음 중에서 "便"의 독음이 틀린 하나를 고르시오.
35. (①) : ①便安 ②便所 ③用便 ④大便
〈 便 : ①편할 편 / ②오줌 변 〉

독음 문제 … "쌀" 일자다음자 · 두음법칙 주의합시다.

1. 加重 [가중] 더할가/무거울중
2. 所望 [소망] 바소/바랄망
3. 去來 [거래] 갈거/올래
4. 急賣 [급매] 급할급/팔매
5. 健實 [건실] 굳셀건/열매실
6. 奉仕 [봉사] 받들봉/섬길사
7. 結局 [결국] 맺을결/판국
8. 水原 [수원] 물수/언덕원
9. 輕量 [경량] 가벼울경/헤아릴량
10. 致仕 [치사] 이를치/섬길사
11. 課外 [과외] 과목과/바깥외
12. 産業 [산업] 낳을산/업업
13. 過信 [과신] 지날과/믿을신
14. 商術 [상술] 장사상/재주술
15. 貴國 [귀국] 귀할귀/나라국
16. 序文 [서문] 차례서/글월문
17. 念願 [염원] 생각할염/원할원
18. 獨善 [독선] 홀로독/착할선
19. 才能 [재능] 재주재/능할능
20. 性格 [성격] 성품성/격식격
21. 部類 [부류] 떼부/무리류
22. 洗車 [세차] 씻을세/수레차
23. 團地 [단지] 등글단/땅지
24. 規約 [규약] 법규/맺을약
25. 海島 [해도] 바다해/섬도
26. 元首 [원수] 으뜸원/머리수

27. 벽에 落書를 하면 안 된다. [낙서]
28. 학교 宿題가 너무 많다. [숙제]
29. 국가간에도 冷戰이 있다. [냉전]
30. 몇가지 방법을 例示하다. [예시]
31. 그 사람은 거짓말을 한 前歷이 있다. [전력]
32. 누나는 대학교에 在學중이다. [재학]
33. 방학 未期가 되어 숙제를 검토한다. [말기]
34. 만 6세에서 만 12세를 兒童이라 한다. [아동]

훈음 문제 … 맞춤법에 주의합시다.

36. 土 선비 사
37. 福 복 복
38. 鮮 고울 선
39. 汽 물끓는김 기
40. 馬 말 마
41. 船 배 선
42. 無 없을 무
43. 都 도읍 도
44. 令 하여금 령
45. 曲 굽을 곡
46. 勞 일할 로
47. 救 구원할 구
48. 料 헤아릴 료
49. 給 줄 급
50. 參 참여할 참
51. 案 책상 안
52. 鐵 쇠 철
53. 黃 누를 황
54. 位 자리 위
55. 魚 고기 어
56. 文 글월 문
57. 炭 숯 탄
58. 根 뿌리 근

축 합격

단어 문제 … 뜻을 참고하여 공부합시다.

59. 古(대) 近(대) 現(대) 時(대) [代]
(고대/근대/현대/시대)
60. 반가운 電화를 받았다. [電話]
(전화 : 전화기로 말을 주고받는 일)
61. 버스의 路선이 변경되었다. [路線]
(노선 : 다니는 길)
62. 청찬 한마디에 勇기를 얻다. [勇氣]
(용기 : 씩씩하고 굳센 기운)
63. 위험한 곳은 注의해야 한다. [注意]
(주의 : 마음에 새겨 조심함)

64. 이렇게 좋은 낙원이 있었구나! [樂園]
(낙원 : 즐거운 곳)
65. 우리 조상이 지혜로움을 본받자. [祖上]
(조상 : 돌아가신 어버이)
66. 지금 갈 때 입석버스를 타고 갔다. [立席]
(입석 : 서서 타거나 구경하는 자리)
67. 효자는 노모를 정성으로 보살폈다. [老母]
(노모 : 늙은 어머니)
68. 삼촌은 명약 덕분에 병이 다 나았다. [名藥]
(명약 : 이름난 약)

단어 문제 … 뜻을 참고하여 공부합시다.

69. 반성 (돌이켜 살핌) [反省]
70. 집계 (모아서 합계함) [集計]
71. 속도 (빠르기의 정도) [速度]
72. 수림 (나무가 우거진 숲) [樹林]
73. 운명 (필연적이고 초월적인 힘) [運命]

사자성어 문제 … 뜻을 참고하여 공부합시다.

74. 同(③姓)同本
(동성동본 : 같은 성과 같은 본)
75. 生(①老)病死
(생로병사 : 태어나고 늙고 병들고 죽음에서의 고통)
76. 自(⑥手)成家
(자수성가 : 스스로의 힘(손)으로 살림을 이룸)
77. 一(⑧方)通行
(일방통행 : 한 방향으로 통행)

동음이의어 문제 … △같은 소리에 다른 뜻을 지닌 한자어.
△동음이의어 뜻을 비교해 봅시다.

①相상 ②量량 ③堂당 ④院원 ⑤要요
⑥養양 ⑦比비 ⑧旅려 ⑨決결 ⑩貴귀

78. 良 어질 량 - (②量) 헤아릴 량
79. 費 쓸 비 - (⑦比) 견줄 비
80. 賞 상줄 상 - (①相) 서로 상

뜻풀이 문제 … 수식관계(앞에서 뒤로 풀이)

81. 固定 : (고정) 굳게 정함.
82. 再活 : (재활) 다시 살아감.
83. 苦待 : (고대) 괴로운 심정으로 기다림.

약자 문제 … 정자와 약자를 다 익히도록 합시다.
84. 讀 = 読
85. 萬 = (万)
86. 發 = 発

유의자 문제 (완성형) … 뜻을 생각해 봅시다.
87. 到 - (③着) 이를도/붙을착
88. 變 - (④化) 변할변/될화
89. 法 - (②規) 법법/법규

반대자 문제 (완성형) … 뜻을 생각해 봅시다.
90. 心 - (身) 마음심/몸신
91. 前 - (後) 앞전/뒤후
92. 長 - (短) 긴장/짧을단

한자쓰기 문제 … 한화 한획 정확히 익힙니다.
93. 공 구 (球)
94. 고을 군 (郡)
95. 친할 친 (親)
96. 구분할 구 (區)
97. 따뜻할 온 (溫)

필순 문제 … 기본원칙에 따라 정확히 익힙니다.

98.
ノ보다 "一"을 먼저 쓰는 원칙
[필순] ㄱ工功功 ④ 4번째

99. ノ보다 "一"을 먼저 쓰는 원칙
[필순] ノハ分分 ③ 3번째

100. 받침(辶,廴)은 나중에 쓰는 원칙
[필순] ﾍ首首首道道道 ⑩ 10번째

第 5 回 한자능력검정시험(해답) 5급

(시험시간 : 50분)

독음 문제 … "쓸" 일자답자·두음법칙 주의합시다.

1. 便所 [변소]
2. 雲雨 [운우]
3. 加速 [가속]
4. 要約 [요약]
5. 課題 [과제]
6. 競賣 [경매]
7. 參考 [참고]
8. 鼻祖 [비조]
9. 己 [기]
10. 史話 [사화]
11. 汽船 [기선]
12. 産母 [산모]
13. 愛 [애]
14. 展開 [전개]
15. 敎壇 [교단]
16. 赤化 [적화]
17. 團體 [단체]
18. 死因 [사인]
19. 筆談 [필담]
20. 後任 [후임]
21. 東獨 [동독]
22. 今週 [금주]
23. 調練 [조련]
24. 終着 [종착]
25. 說明 [설명]
26. 祝典 [축전]
27. 육체적 勞動은 힘들다. [노동]
28. 식탄·숯 때위를 저장하는 곳을 貯炭이라 한다. [저탄]
29. 열을 내는 것을 發熱이라 한다. [발열]
30. 남한은 南北의 절반을 좋아하는 이념이다. [남북]
31. 도시에서는 아파트를 모두 예순이다. [예순]
32. 승자도 敗者도 모두 예순이다. [패자]
33. 옷을 시장 선수들이 理順이다. [이순]
34. 불을 얻인 [염]이 되다. [염]
35. 감기로 病院에 가다. [병원]

독음 문제 … 맞춤법에 주의합시다.

36. 質 바탕 질
37. 善 착할 선
38. 唱 부를 창
39. 實 열매 실
40. 比 견줄 비
41. 別 다를 별
42. 島 섬 도
43. 買 살 매
44. 賞 상줄 상
45. 罪 허물 죄
46. 橋 나무 교
47. 再 두 재
48. 醫 의원 의
49. 京 서울 경
50. 最 가장 최
51. 黑 검을 흑
52. 種 씨 종
53. 選 가릴 선
54. 完 완전할 완
55. 信 민을 신
56. 曜 빛날 요
57. 倍 곱 배
58. 材 재목 재

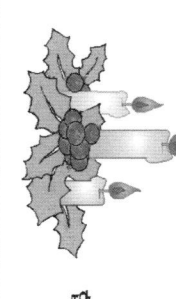
합격

단어 문제 … 뜻을 참고하여 공부합시다.

59. 우리 할머니는 인재, 엄마는 일기를 쓰고, 나는 결기이다. [李, 朴, 金]
60. 매일 일기를 쓰고 잔다. [日記]
61. 저축을 하려 한다면 個人의 기록. [銀行]
62. 우리 가정 교육이 중요하다. [家庭]
63. 나의 가정 방법은 정직하다. [表現]
64. 집안 표시에 신호를 잘 지키자. [信號]

유의어 문제 … 뜻이 서로 비슷한 한자. (人命)

65. 화재진압시 인명을 소중히 여긴다. [人命]
66. 오늘은 대개 운수가 좋은 날이다. [運數]
67. 성공은 뒤에는 노력이 영광을 따라왔다. [果然]
68. (해설 : 밝고 보는 기운) [太陽]

단어 문제 … 뜻을 참고하여 공부합시다.

69. 양복 [서양의 옷] [洋服]
70. 실신 [정신을 잃음] [失神]
71. 농업 [농사짓는 일] [農業]
72. 약초 [약이 되는 풀] [藥草]
73. 창문 [벽에 낸 작은 문] [窓門]

사자성어 문제(완성형) … 뜻을 참고하여 공부합시다.

74. 民(②族)正氣
75. 不(①問)曲直
76. 有(⑥口)無言
77. 百(⑩戰)百勝
78. 高(⑧告知)
79. 公(①工事)

동음이의어 문제 … 동음이의어 뜻을 비교하여 봅시다.

80. 科學 : 자연법칙 보는 시험 / 科學 : 차를 넘
  ▷科學 [과학]
  ▷課學 [과학]

조어력 문제 … 수식관계(앞에서 뒤로 민음)

81. 나쁜(惡) 풍습 : (⑤ 惡習)
82. 본디(原)의 글(文) : (③ 原文)
83. 좋은(吉) 날(日) : (④ 吉日)

약자 문제 … 정자와 약자를 다 익히도록 합시다.

84. 醫 85. 晝 86. 學

유의자 문제(완성형) … 뜻을 참고 해결합시다.

87. 費 - (用)
88. 兒 - (童)

반대자쓰기 문제(완성형)

89. [지] 타 自 - 他
90. 末 - (大)
91. [해] 利 - 害

한자쓰기 문제

92. 있을 재 : (在)
93. 느낄 감 : (感)
94. 동통 : 한결같이 정확히 익힐시다.
95. 새 신 : (新)
96. 누를 황 : (黃)

필순 문제 ⓒ 좌우대청은 가운데부터 대칭쪽으로 정확히 익힐시다.

97. 綠文 [필순] 11번째
98. 健 [필순] (律律健健)
99. 可 [필순] 2번째 ㄱ ㄱ 可 可

100. 可 [필순] ㄱ ㄱ 可 可 可

第 6 回 한자능력검정시험(해답) 5급

(시험시간 : 50분)

독음 문제 … "※" 일자다음자, 두음법칙 주의합시다.

1. 用便 [용변]
2. 實習 [실습]
3. 不動 [부동]
4. 案內 [안내]
5. 改良 [개량]
6. 教養 [교양]
7. 道具 [도구]
8. 葉書 [엽서]
9. 合格 [합격]
10. 草屋 [초옥]
11. 意見 [의견]
12. 完成 [완성]
13. 決心 [결심]
14. 要望 [요망]
15. 告白 [고백]
16. 友情 [우정]
17. 固有 [고유]
18. 雨期 [우기]
19. 親舊 [친구]
20. 雲海 [운해]
21. 形局 [형국]
22. 雄大 [웅대]
23. 給油 [급유]
24. 所願 [소원]
25. 都市 [도시]
26. 元金 [원금]
27. 배낭여행으로 시를 當到하고 있다. [당도]
28. 사람마다 地位가 다르다. [지위]
29. 겨울에 結氷이 단단히 얼어 있다. [결빙]
30. 우리 민족의 偉力을 보여주자. [위력]
31. 이력서에는 賞歷도 적는다. [상력]
32. 남의 耳目을 두려워 말라. [이목]
33. 상품을 팔아 이익을 얻는 것이 商業이다. [상업]
34. 북한은 삼팔선 以北에 있다. [이북]
35. 노점상은 國東의 대상이다. [국속]

훈음 문제 … 맞춤법에 주의합시다.

36. 示 보일 시
37. 番 차례 번
38. 識 알 식
39. 度 법도 도
40. 去 갈 거
41. 費 쓸 비
42. 健 굳셀 건
43. 告 쓸 고
44. 終 마칠 종
45. 類 무리 류
46. 談 말씀 담
47. 筆 붓 필
48. 牛 소 우
49. 害 해할 해
50. 觀 볼 관
51. 件 근심 건
52. 廣 넓을 광
53. 件 물건 건
54. 吉 길할 길
55. 末 끝 말
56. 壇 단 단
57. 亡 망할 망
58. 領 거느릴 령

족 적

단어 문제 … 뜻을 참고하여 공부합시다.

59. 美국 中국 韓국 英국 [國] (미국중국한국영국)
60. 일본은 가까이 있다. [日本] (일본:한국의 이웃나라)
61. 일본의 수도는 동경이다. [東京] (동경:일본의 수도)
62. 아이사이는 황색 인종이 많다. [黃色] (황색:누런 빛)
63. 비가 작년보다 많이 내렸다. [昨年] (작년:지난 해)
64. 방학숙제를 全部 다 마쳤다. [全部] (전부:모조리)

65. 우리나라 전자 제품이 최고다. [電子]
(전자:원자를 이루는 기본적 소립자 중의 한 가지)
66. 나라를 위하여 싸우다 戰死했다. [戰死]
(전사:싸우다 죽음)
67. 삼촌은 晝間에 일하고 밤에 공부한다. [晝間]
(주:낮동안)
68. 고픈 배를 食飮으로 진정하고 누웠다. [食飮]
(식음:먹고 마시는 것)

단어 문제 … 뜻을 참고하여 공부합시다.

69. 평화(평온하고 화목함) [平和]
70. 훈방(잘 가르쳐서 풀어놓음) [訓放]
71. 직각(서로 수직인 두 직선이 이루는 각) [直角]
72. 의학(질병의 치료·예방을 연구하는 학문) [醫學]
73. 외계(사람·사물들이 몸담고 있는 모든 것) [外界]

사자성어 문제 (완성형) … 뜻을 참고하여 공부합시다.

74. 無(④主)空山 [주] 주인 없는 빈산
75. 寒冷(②前)線 [전] 현행전선:따뜻한 기단을 만나 올라가는 전선의 앞면
76. 多(①才)多能 [재] 다재다능:널리 재주와 능이 능함
77. 淸風(⑦明)月 [명] 청풍명월:맑은 바람과 밝은 달

동음이의 문제 …
△같은 소리로 다른 뜻을 지닌 한자지
▽동음이의어 뜻을 비교해 봅시다.

①過과 ②賜사 ③充충 ④則칙 ⑤卓탁
⑥仙선 ⑦配배 ⑧致치 ⑨紙지 ⑩老노

78. 課 공부할과 (①過)과
79. 知 알 지 (⑨紙)지 종이 지
80. 船 배 선 (⑥仙)선 신선 선

뜻풀이 문제 … 대립관계(반대자)

81. 因果 : (인과) 원인과 결과.
82. 發着 : (발착) 출발과 도착.
83. 自他 : (자타) 자기와 남.

약자 문제 … 정자와 약자를 다 익히도록 합시다.

84. 區 [区]
85. 同 (仝)
86. 來 (来)

유의자 문제 (완성형) … 뜻을 생각해 봅시다.

87. (②兵)-卒 [병] 병사병/마칠졸병사
88. (①秊)-仕 [봉] 받들봉/섬길사

89. (④思)-考 [사] 생각사/생각고 생각고

90. (遠)-近 [원근] 멀원/가까울근
91. (祖)-孫 [조손] 할아비조/손자손
92. (朝)-夕 [조석] 아침조/저녁석

한자쓰기 문제 … 정자와 한자 정확히 씁시다.

93. 뿌리 근 [根]
94. 집 당 [堂]
95. 짧을 단 [短]
96. 그림 도 [圖]
97. 대할 대 [對]

필순 문제 … 기본원칙에 따라 정확히 익힙시다.

98. ㉠ 점(ヽ)은 나중에 찍는 원칙. [필순] ノイ仁代代 ⑤ 5번째
99. ㉡ "ㄱ"을 먼저 쓰는 원칙. [필순] ㄱㄱ尸民民 ① 1번째
100. ㉢ 양쪽 점부터 찍는 원칙. [필순] ヽソリ火 ② 2번째

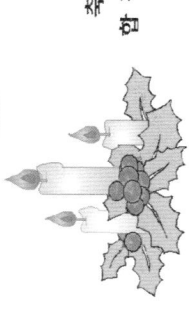
代 民 火

第 7 回 한자능력검정시험(해답) 5급

(시험시간 : 50분)

독음 문제 … "쏯"옻 일자다음자. 독음씀에 주의합시다.

1. 參萬 [삼만]
2. 漁場 [어장]
3. 可決 [가결]
4. 洋屋 [양옥]
5. 發見 [발견]
6. 原語 [원어]
7. 雪景 [설경]
8. 神位 [신위]
9. 過多 [과다]
10. 強調 [강조]
11. 觀念 [관념]
12. 主流 [주류]
13. 敎命 [교명]
14. 食卓 [식탁]
15. 樂局 [약국]
16. 無效 [무효]
17. 鐵橋 [철교]
18. 黑字 [흑자]
19. 舊面 [구면]
20. 住宅 [주택]
21. 數量 [수량]
22. 湖南 [호남]
23. 旅費 [여비]
24. 災害 [재해]
25. 變心 [변심]
26. 筆記 [필기]
27. 성수들은 合宿 훈련을 한다.
28. 일감 배를 休業한다.
29. 헤엔에는 德談을 나눈다.
30. 생날에는 乘車를 탄다.
31. 學識과 덕망이 높으신 분.
32. 우리 어머니께서는 料理사이다.
33. 희의 시간에는 案件이 많다.
34. 나의 꿈은 實現 시켜주지.
35. 校則을 위반해서는 안 된다.

독음 문제 … 맞춤법에 주의합시다.

36. 賣 팔 매
37. 合 합할 합
38. 雄 수컷 웅
39. 院 집 원
40. 店 가게 점
41. 使 하여금 사
42. 停 머무를 정
43. 規 법 규
44. 式 법 식
45. 切 끊을 절
46. 約 맺을 약
47. 序 차례 서
48. 仕 섬길 사
49. 節 마디 절
50. 打 칠 타
51. 操 잡을 조
52. 相 서로 상
53. 終 마칠 종
54. 寒 찰 한
55. 勞 일할 로
56. 板 널 판
57. 商 장사 상

단어 문제 … (畵가) : (作가) 성공하여 공부합시다.

59. 作가 / 美術가 / 音樂가 [家]
60. (부가) 성공하고 뜻깊은 교육가. [成功]
61. 음을 듣고 느끼는 매력. [等級]
62. 요즘은 통신이 발전한 세상. [通信]
63. 너의 말은 듣고 감동을 받았다. [感動]
64. 방해수제중 식물 채집이 있다. [植物]

조어력 문제 … (앞에서 뒤로 만듦)

65. 점점 지구가 오염되지고 있다. [地球]
66. 낮은 철청에 태양 광선은 따갑다. [光線]
67. 무엇보다 건강이 제일이다. [注油所]
68. 아모님의 의견을 주장님께 받대하셨다. [反對]

단어 문제 … 뜻을 참고하여 공부합시다.

69. 소화 (불을 끔) [消火]
70. 풍향 (바람의 방향) [風向]
71. 승전 (싸움에 이김) [勝戰]
72. 편리 (편하고 이로움) [便利]
73. 해군 (바다를 지키는 군사) [將軍]

사자성어 문제 … 뜻을 참고하여 공부합시다.

74. 百年大(⑥計) (백년대계: 백년앞의 큰 계획)
75. 晝夜(③長)川 (주야장천: 밤낮으로 쉬지않음)
76. 父子有(②親) (부자유친: 아버지와 아들은 친함이 있음)
77. 聞一(⑧知)十 (문일지십: 하나를 들으면 열을 앎)

동음이의어 문제 …

78. 苦待 (①古代)
79. 在告 (⑦再考)
80. 事情 (⑤査定)

▷苦待: 몹시 기다림 / ▷古代: 옛날 시대
▷在告: 잠겨 소리내 다른 동물을 비만해 물음 / ▷再考: 다시 생각함
▷事情: 일의 형편 / ▷査定: 조사하여 결정함

약자 문제 … 정자와 약자를 다 익히도록 합시다.

81. 國 - (③国)
82. 禮 - (①)
83. 學 - (学)
84. 體
85. 樂
86. 會 (会)

유의자 문제 … 뜻을 생각해 봅시다.

87. 家 - 家屋 집
88. 文 - (章)

반대자 문제 … 뜻을 참고하여 공부합시다.

89. 口
90. 去 - (來)
91. 曲 - (直)
92. 輕 - 重

한자쓰기 문제 … 기본문자이 따라 정확히 익힘시다.

93. 별 양 [陽]
94. 들 야 [野]
95. 잎 엽 [葉]
96. 차례 제 [第]
97. 동을 방 [放]

필순 문제 …

98. 빌 영 [⑦ 7번째]
99. 잎 엽 [⑩ 10번째]
100. ⊙ ㄴ보다 ノ을 나중에 쓰는 원칙 [③ 3번째]

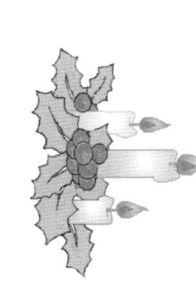

能 / 米 / 比

第8回 한자능력검정시험(해답) 5급

(시험시간 : 50분)

독음 문제 … "쓩" 일자다음자·두음법칙 주의합시다.

1. 不知 [부지]
2. 分爭 [분쟁]
3. 物價 [물가]
4. 貯水 [저수]
5. 客車 [객차]
6. 公的 [공적]
7. 最新 [최신]
8. 赤道 [적도]
9. 參見 [참견]
10. 字典 [자전]
11. 節電 [절전]
12. 傳來 [전래]
13. 開店 [개점]
14. 愛着 [애착]
15. 表情 [표정]
16. 切望 [절망]
17. 停年 [정년]
18. 時調 [시조]
19. 操身 [조신]
20. 高卒 [고졸]
21. 結果 [결과]
22. 終禮 [종례]
23. 相考 [상고]
24. 種子 [종자]
25. 歌曲 [가곡]
26. 初面 [초면]
27. 남북통일은 민족의 課業이다. [과업]
28. 낡은 舊習은 버려야 한다. [구습]
29. 중국은 廣大한 대국이다. [광대]
30. 한자의 局番을 독납다. [국번]
31. 남을 높이 貴下라 한다. [귀하]
32. 옛 전통을 再現하다. [재현]
33. 교통 法規는 잘 지켜야 한다. [법규]
34. 한약방에는 藥材가 많다. [약재]
35. 그림층수는 財界의 거물이다. [재계]

훈음 문제 … 맞춤법에 주의합시다.

36. 關 관계할 관
37. 充 채울 충
38. 具 갖출 구
39. 期 기약할 기
40. 陸 뭍 륙
41. 到 이를 도
42. 祝 빌 축
43. 獨 홀로 독
44. 落 떨어질 락
45. 量 헤아릴 량
46. 例 법식 례
47. 原 언덕 원
48. 病 병 병
49. 則 법칙 칙
50. 良 어질 량
51. 擧 들 거
52. 歷 지낼 력
53. 綠 푸를 록
54. 致 이를 치
55. 許 허락할 허
56. 宅 집 택
57. 湖 호수 호
58. 板 널 판

단어 문제 … 뜻을 참고하여 공부합시다.

59. 교과서 이름을 알아 보자. [敎科書]
   (교과서 : 가르치기 위한 책)
60. 몸을 튼튼히 하는 체육. [體育]
   (체육 : 몸을 기름)
61. 세상 이치를 배우는 자연. [自然]
   (자연 : 스스로 그러한 것)
62. 예절과 인사성을 배우는 道德. [道德]
   (인사 : 사람들 사이에 지켜야 하는 예법임)
63. 함께 하는 세상을 배우는 사회. [社會]
   (사회 : 모임)
64. 수의 개념을 배우는 수학·산수. [算數]
   (산수 : 셈)
65. 세계 공용어를 배우는 영어 시간. [英語]
   (영어 : 세계 공용어)
66. 우리 언어의 뜻을 배우는 국어 시간. [國語]
   (국어 : 나라의 말)
67. 일상 생활의 기초지식을 배우는 과학. [科學]
   (과학 : 계통적으로 연구활동하는 성격의 내용)
68. 우리말의 어휘과 성현의 말씀을 배우는 한문. [漢文]
   (한문 : 한자의 학문)
69. 감성을 풍부히 하는 음악. [音樂]
   (음악 : 인간의 사상·감정을 음으로 나타내는 예술)
70. 미적 감각을 키우는 미술. [美術]
   (미술 : 시각을 통해 감상할 수 있도록 아름다움을 표현하는 예술)
71. 민족의 역사를 배우는 국사. [民族]
   (민족 : 같은 언어·오랜 공동생활을 문화를 함께하는 사람)
72. 이 모든 공부를 熱心히 하자. [工夫]
   (공부 : 학문이나 기술을 배우거나 익힘)
73. 모르는 낱말은 국어사전을 이용하자. [利用]
   (이용 : 물건을 이롭게 쓰거나 쓰임새 있게 씀)

사자성어 문제 (완성형) … 뜻을 참고하여 공부합시다.

74. 馬 (⑤耳) 東風
   마이동풍 : 남의 말을 귀담아 듣지 아니하고 지나쳐 흘려 버림
75. 知 (⑧過) 必改
   지과필개 : 잘못을 알면 반드시 고쳐야 함
76. 百 (③年) 河淸
   백년하청 : 백년이 되어도 황하가 맑아지지 않음
77. 奉 (⑩仕) 活動
   봉사활동 : 남을 위한 활동

동음이의어 문제 … △같은 소리로 다른 뜻을 가진 한자이다.
△동음이어의 뜻을 비교해 봅시다.

| ①偉 위 | ②以 이 | ③因 인 | ④當 당 | ⑤曜 요 |
| ⑥任 임 | ⑦基 기 | ⑧音 음 | ⑨熱 열 | ⑩完 완 |

78. 位 자리 위 (①偉) 클 위
79. 技 재주기 (⑦基) 터 기
80. 災 재앙재 (⑥在) 있을 재

뜻풀이 문제 … 속뜻문제(우리말말과 어순이 바뀜)

81. 有罪 : (유죄) 죄가 있음.
82. 無能 : (무능) 능력이 없음.
83. 可決 : (가결) 결정이 됨. ᅟ피되다

약자 문제

84. 氣 (気)
85. 戰 (战)
86. 畫 (画)

유의자 문제 (완성형) … 뜻을 생각 해 봅시다.

87. 約 - (⑥束)
   약속 : 맺음이나 묶음 속
88. 首 - (④頭)
   수두 : 머리수/머리두
89. 年 - (①歲)
   연세 : 해년/해세

반대자 문제 (완성형) … 뜻을 생각 해 봅시다.

90. 生 - (死)
   생사 : 날생/죽을사
91. 春 - (秋)
   춘추 : 봄춘/가을추
92. 天 - (地)
   천지 : 하늘천/땅지

한자쓰기 문제 … 한획 한획 정확히 씁시다.

93. 아이 동 (童)
94. 모양 형 (形)
95. 살필 성 (省)
96. 한가지 공 (共)
97. 다행 행 (幸)

필순 문제 … 기본원칙에 따라 정확히 적는 원칙.

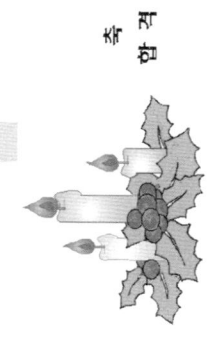

98. ㉢ [필순] ㄱ ㄷ ㄷ 成 成 成
   ⑦ 7번째

99. ㉡ [필순] ㅣ ㅓ ㅓ 北
   ④ 4번째
   ᅟㄴ보다 ㅣ을 먼저 쓰는 원칙.

100. ㉠ [필순] ノ ㅏ ㅑ 先 先
   ③ 3번째
   ᅟ가로 먼저, 세로는 나중에 쓰는 원칙.

第9回 한자능력검정시험(해답) 5급

(시험시간: 50분)

독음 문제 … 낱말의 읽는 음을 한글로 쓰세요.

1. 輕重 [경중]
2. 戰爭 [전쟁]
3. 吉凶 [길흉]
4. 過去 [과거]
5. 勞使 [노사]
6. 規則 [규칙]
7. 當落 [당락]
8. 到着 [도착]
9. 賣買 [매매]
10. 法典 [법전]
11. 發着 [발착]
12. 變化 [변화]
13. 山河 [산하]
14. 兵卒 [병졸]
15. 善惡 [선악]
16. 思考 [사고]
17. 新舊 [신구]
18. 約束 [약속]
19. 有無 [유무]
20. 旅客 [여객]
21. 利害 [이해]
22. 歷史 [역사]
23. 因果 [인과]
24. 財産 [재산]
25. 自他 [자타]
26. 年歲 [연세]

27. 정월보름 가터는 것을 黑白 구별이라 한다. [흑백]
28. 빨간 신호등에는 停止 해야 한다. [정지]
29. 더디 지구의 終末이 올는가? [종말]
30. 경주가에는 主客이 있다. [주객]
31. 공부 하려면 知識을 늘려야. [지식]
32. 산에서 야생의 動物을 잡았다. [동물]
33. 陸梅 한주 주작 주작을 세우다. [육매]
34. 굴밤 자기 가지 자지 않고 말이다. [곡직]
35. 曲直을 練習을 하다. [연습]

독음 문제 … 맞춤법에 주의합시다.

36. 鼻 [코 비]
37. 建 [세울 건]
38. 氷 [얼음 빙]
39. 區 [구분할 구]
40. 寫 [베길 사]
41. 査 [조사할 사]
42. 漁 [고기잡을 어]
43. 偉 [클 위]
44. 耳 [귀 이]
45. 災 [재앙 재]
46. 以 [써 이]
47. 固 [굳을 고]
48. 要 [요긴할 요]
49. 億 [억 억]
50. 浴 [목욕할 욕]
51. 熱 [더울 열]
52. 加 [더할 가]
53. 貴 [귀할 귀]
54. 改 [고칠 개]
55. 宅 [집 택]
56. 服 [옷 복]
57. 貯 [쌓을 저]
58. 本 [근본 본]

단어 문제 … 뜻을 참고하여 공부합시다.

59. (소)有 (소)聞 (소)重 [所]
60. 내일은 개교 기념일. [開校]
61. 정직하는 것도 애국이다. [愛國]
62. 산에서 야생의 동물을 잡았다. [野生]
63. 무슨 시작하면 끝까지 한다. [始作]
64. 우리는 교통 질서를 잘 지킨다. [交通]

65. 때로는 지형이 달라지고 있다. [地形]
66. 한글은 표음문자, 한자는 표의문자. [表音]
67. 전기가 끊겨 공장 가동이 중단되었다. [工場]
68. 수업마치는 시간은 몇시 몇분? [現在]

단어 문제 … 뜻을 참고하여 공부합시다.

69. 석양 (저녁의 해) [夕陽]
70. 화급 (매우 급함) [火急]
71. 의중 (뜻의 가운데) [意中]
72. 동감 (같은 한고를 나타내는 마음) [同感]
73. 기호 (어떤 뜻을 나타내기 위한 문자) [記號]

사자성어 문제 (완성형) … 뜻을 참고하여 공부합시다.

74. (②別)事用語 [別]
75. 敗家(⑧亡)身 [亡]
76. 秋(①風)落葉 [風]
77. 門前(④成)市 [成]
78. 燭風(⑥讀圖) [讀]
79. 元老 [元]

동음이의어 문제 …

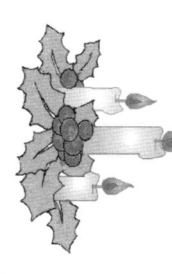

조어력 문제 … 수식관계임에서 뒤로 만듦

81. 하늘(天)의 명령. ……… (⑦天命) [天命]
82. 한 나라의 중앙에 있는 도시/都. (③首都) [首都]
83. 數(數) 85. 樂(樂) 86. 提(体)

유의자 문제 … 정서와 약자를 다 익히도록 합시다.

84. 數(數) 85. 樂(樂) 86. 提(体)

약자 문제 …

87. 幸 - 福 [幸]
88. 訓 - 敎 [敎]

유의자 문제 (완성형)

89. 計 - 算 [算]
90. 晝 - 夜 [夜]
91. 主 (客)

반대자 문제 (완성형)

92. 古 - 今 [今]
93. 기다릴 때 待 [待]
94. 나무 수 [樹]
95. 빠를 속 [速]
96. 대신 대 [代]
97. 손자 손 [孫]

필순 문제 … 기본원칙에 따라 정확히 익힙니다.

98. ⑤ 양쪽 접부터 책은 원칙. [②]
99. ⑥ 그을 세워서 쓰는 원칙. [④]
100. ⑤ 겉을 먼저 씩어서 연을 원칙. [②]

- 85 -

第10回 한자능력검정시험(해답) 5급

(시험시간 : 50분)

[독음 문제] … "束" 일자다음자·두음법칙 주의합시다.

1. 不當 [부당]
2. 料量 [요량]
3. 終結 [종결]
4. 熱情 [열정]
5. 作曲 [작곡]
6. 來歷 [내력]
7. 給水 [급수]
8. 訓練 [훈련]
9. 週期 [주기]
10. 領土 [영토]
11. 自己 [자기]
12. 待令 [대령]
13. 神技 [신기]
14. 致知 [치지]
15. 基本 [기본]
16. 反則 [반칙]
17. 壇上 [단상]
18. 他界 [타계]
19. 社團 [사단]
20. 草見 [초견]
21. 談話 [담화]
22. 黑炭 [흑탄]
23. 德行 [덕행]
24. 舊宅 [구택]
25. 獨立 [독립]
26. 鐵板 [철판]
27. 안개 핀 꽃은 언제 가는 落花한다. [낙화]
28. 그 수수는 氣品이 있어 보인다. [기품]
29. 긴 장마로 발이 허물이 冷濕하다. [냉습]
30. 어린이 권장도서는 必讀이다. [필독]
31. 여행은 부모님의 許可를 받아야 한다. [허가]
32. 筆者의 의도를 생각하며 책을 읽자. [필자]
33. 도시를 떠나 江湖에 묻혀 산다. [강호]
34. 河川을 정비하여 시민의 휴식처로 만든다. [하천]
35. 공룡시대의 化石이 발견되다. [화석]

[훈음 문제] … 맞춤법에 주의합시다.

36. 課 공부할 과
37. 由 말미암을 유
38. 比 견줄 비
39. 船 배 선
40. 革 가죽 혁
41. 仙 신선 선
42. 任 맡길 임
43. 束 묶을 속
44. 臣 신하 신
45. 初 처음 초
46. 效 본받을 효
47. 思 생각 사
48. 因 인할 인
49. 過 지날 과
50. 州 고을 주
51. 橋 다리 교
52. 輕 가벼울 경
53. 都 도읍 도
54. 史 사기 사
55. 爭 다툴 쟁
56. 葉 잎 엽
57. 能 능할 능
58. 炭 숯 탄

[단어 문제] … 뜻을 참고하여 공부합시다.

59. (차)禮 (차)部 (차)國力 [次]
60. 위장병이 발병 했다. [發病]
61. 고려를 세운 태조 왕건. [太祖]
62. 사고방식이 합리적이다. [合理]
63. 일 요일이면 조회를 한다. [朝會]
64. 옛날에는 친족끼리도 결혼했다. [親族]

[독음 문제] … 수식관계(앞에서 뒤로 풀이)

65. 그때 그때 형편에 따라 다르다. [形便]
66. 축구 열기로 운동장을 개방한다. [開放]
67. 많은 사람의 휴식처가 되는 공원. [公園]
68. 자연을 보호하여 후손에게 물려주자. [後孫]

[단어 문제] … 뜻을 생각하고 공부합시다.

69. 시간 (때) [時間]
70. 소감 (느낀 바) [所感]
71. 소수 (적은 숫자) [少數]
72. 광속 (빛의 빠르기) [光速]
73. 별당 (별도로 거처하는 집) [別堂]

[사자성어 문제] … 뜻을 참고하여 공부합시다.

74. 不(①遠)千里
75. 教學(⑤相)長
76. 同(⑥苦)同樂
77. 大明(⑩天)地

[동음이의 문제] … △같은 소리에 다른 뜻을 지닌 한자이다.
△동음이의어 뜻을 비교해 봅시다.

①負 짐 질 ②競 경쟁 경 ③最 가장 최 ④舊 옛 구 ⑤他 다를 타
⑥着 붙을 착 ⑦唱 부를 창 ⑧參 참여할 참 ⑨歲 해 세 ⑩敗 패할 패

78. 敬 공경 경 79. 洗 씻을 세
80. 救 구원할 구

[뜻풀이 문제] … 수식관계(앞에서 뒤로 풀이)

81. 近代 (근대) 가까운 시대. *代(시대)
82. 特使 (특사) 특별히 보내는 사신. *使(사신)
83. 重責 (중책) 무거운 책임. *責(책임)

[약자 문제] … 정자와 약자를 다 익히도록 합시다.

84. 對 [对]
85. 圖 [図]
86. 號 [号]

[유의자 문제] (완성형) … 뜻을 생각 해 봅시다.

87. 재(⑤旅)-客
88. 재 (①財)-産 재물/재산
89. 정 (②停)-止 머무를/멈출지

[반대자 문제] (완성형) … 뜻을 생각 해 봅시다.

90. 동 (東)-西 동녘동/서녘서
91. 사 (死)-活 죽을사/살활
92. 부 (父)-母 아비부/어미모

[한자쓰기 문제] … 한획 한획 정확히 씁시다.

93. 글 서 (書)
94. 은 은 (銀)
95. 사랑 애 (愛)
96. 뜰 정 (庭)
97. 밤 야 (夜)

[필순 문제] … 기본원칙에 따라 정확히 익힙니다.

98. ㉠ 뻗침(ノ)을 먼저 쓰는 원칙. ① 1번째

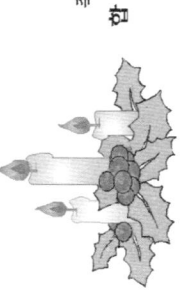

99. ㉡ㄱ을 계통는 ㅣ(ㅣ)은 나중에 쓰는 원칙. ④ 4번째

100. ㉢ㄱ을 계통는 획(ㅣ)은 나중에 쓰는 원칙. ⑤ 5번째

第11回 한자능력검정시험(해답) 5급

(시험시간 : 50분)

[독음 문제] … 한자(漢字)의 두음(讀音)을 적어주십시오.

1. 宅內 [댁내]
2. 末席 [말석/자리석]
3. 規格 [규격]
4. 亡命 [망명]
5. 原價 [원가]
6. 無關 [무관]
7. 件數 [건수]
8. 許多 [허다]
9. 決定 [결정]
10. 比例 [비례]
11. 給仕 [급사]
12. 給仕 [급사]
13. 困難 [곤란]
14. 商店 [상점]
15. 廣板 [광판]
16. 洗禮 [세례]
17. 家具 [가구]
18. 完工 [완공]
19. 貴重 [귀중]
20. 友愛 [우애]
21. 期待 [기대]
22. 雲集 [운집]
23. 能力 [능력]
24. 必然 [필연]
25. 能力 [능력]
26. 花壇 [화단]

27. 봄에는 花壇에 꽃을 심어야지. [화단]
28. 남달리 努力하는 그도 必然 성공할 것이다. [필연]
29. 한양으로 再活할 都邑을 정하다. [도읍]
30. 소년들이 再活할 수 있도록 도와주자. [재활]
31. 공교육도 良質로 올라야 한다. [양질]
32. 누나는 교회를 건강한다. [건강]
33. 옛날 개패를 사또가 심판하다. [개패]
34. 연습을 열심히 한 비행기가 추락했다. [추락]
35. 이번 모임에는 不參하게 되었다. [불참]

[훈음 문제] … 맞춤법에 주의합시다.

36. 結 [맺을 결]
37. 通 [통할 통]
38. 原 [별 경]
39. 特 [특별할 특]
40. 告 [고할 고]
41. 情 [뜻 정]
42. 速 [빠를 속]
43. 赤 [붉을 적]
44. 過 [지날 과]
45. 借 [빌릴 차]
46. 位 [자리 위]
47. 馬 [말 마]
48. 首 [머리 수]
49. 汽 [물끓는김 기]
50. 宿 [잘 숙]
51. 願 [원할 원]
52. 順 [순할 순]
53. 元 [으뜸 원]
54. 流 [흐를 류]
55. 鐵 [쇠 철]
56. 河 [강 하]
57.
58. 競 [다툴 경]

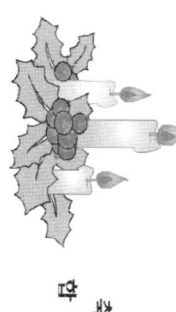

합격

[단어 문제] … 뜻을 참고하여 공부합시다.

59. 理(유) 事(유) 目(유) (由水) [由]
60. 어머니의 친정 나들이. [親庭]
61. 서해 동해라고도 한다. [黃海]
62. 누나도 교회를 전공한다. [油畫]
63. 건강은 의학과 관련있다. [醫術]
64. 송신에도 고향에 간다. [秋夕]

65. 국군장병께 위문 편지를 쓰다. [便紙]
66. 연수한 예식으로 결혼식을 올렸다. [儀式]
67. 친구이야기를 들어 듣다. [後聞]
68. (후: 뒷소문) [後聞]

[약자 문제] … 정자와 약자(略字)에서 맞는 자를 다 익혀해야 합시다.

83. 역사(史)적 사실을 적은 책. (①) 史記
84. 讚(譖) 85. 萬(万) 86. 發(発)

[유의자 문제] … 뜻을 참고하여 공부합시다.

87. 果 – 實
88. 教 – 學
89. 明 – 期
90. 根 – 木

[반대자쓰기 (완성형)]

91. (古) – 今
92. (敎) – 學

[한자쓰기 문제]

93. 쓸 용 [用]
94. 약할 약 [弱]
95. 음 운 [運]
96. 동산 원 [園]

[유의자쓰기 (완성형)]

97. 古(中)束
98. "길" 만저 쓰는 원화. (③) 3번째
99. 棗 체품을 획(①)은 나중에 쓰는 원화. (⑤) 5번째
100. 초주대쇄른 가운데부터 쓰는 원화. (①) 1번째

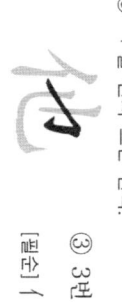

樂

第12回 한자능력검정시험(해답) 5급

(시험시간 : 50분)

독음 문제 … 일자다음자 · 두음법칙 주의합시다.

1. 不在 [부재]
2. 歷任 [역임]
3. 黑板 [흑판]
4. 産災 [산재]
5. 藥效 [약효]
6. 比色 [비색]
7. 品貴 [품귀]
8. 戰士 [전사]
9. 來到 [내도]
10. 性質 [성질]
11. 當選 [당선]
12. 洗面 [세면]
13. 運河 [운하]
14. 結束 [결속]
15. 充實 [충실]
16. 順理 [순리]
17. 他意 [타의]
18. 惡材 [악재]
19. 打席 [타석]
20. 養親 [양친]
21. 卓球 [탁구]
22. 問責 [문책]
23. 氷炭 [빙탄]
24. 事件 [사건]
25. 最新 [최신]
26. 光州 [광주]
27. 누나 결혼식에서 祝歌를 불렀다. [축가]
28. 고속 鐵道공사가 한창이다. [철도]
29. 傳說속의 이야기로 여기기도 한다. [전설]
30. 미술대회 國展에서 입상하다. [국전]
31. 책을 인터넷 書店에서 구입하다. [서점]
32. 공연을 관계로 再唱을 모두 청했다. [재창]
33. 提身하게 처신하는 습니다. [제신]
34. 스포츠 種目 중 축구를 좋아한다. [종목]

훈음 문제 … 맞춤법에 주의합시다.

36. 可 옳을 가
37. 曲 굽을 곡
38. 客 손 객
39. 島 섬 도
40. 數 셈 수
41. 料 헤아릴 료
42. 育 기를 육
43. 救 구원할 구
44. 朗 밝을 랑
45. 必 반드시 필
46. 費 쓸 비
47. 死 죽을 사
48. 善 착할 선
49. 習 익힐 습
50. 案 책상 안
51. 給 줄 급
52. 魚 고기 어
53. 直 곧을 직
54. 基 터 기
55. 然 그럴 연
56. 園 동산 원
57. 登 오를 등
58. 雨 비 우

합격

단어 문제 … 뜻을 참고하여 공부합시다.

59. 地(방)四(방) [方]
(지방/사방/방방향/방식)
60. 물건 사용을 깨끗하게 하자. [使用]
(사용: 물건을 부리어 씀)
61. 책은 讀者에 따라 달라진다. [讀者]
(독자: 책을 읽는 사람)
62. 항상 溫和한 성품으로 온화하시다. [溫和]
(온화: 따뜻하고 화함)
63. 청소구역이 各目 정해져 있다. [各目]
(각자: 저각 자기 스스로)
64. 올해도 公共요금이 인상되었다. [公共]
(공공: 사회 일반이나 여러사람에 관계되는 것)

65. 어머니께서 別食을 준비하셨다. [別食]
(별식: 별도로 먹는 것)
66. 우리 아빠는 本社에서 근무하신다. [本社]
(본사: 그 회사의 중심이 되는 사업체)
67. 생일이 늦어서 番號가 뒤쪽이다. [番號]
(번호: 차례)
68. 어린이날 高空 비행기 쇼가 있었다. [高空]
(고공: 높은 하늘)

단어 문제 … 뜻을 참고하여 공부합시다.

69. 백미 (흰쌀) [白米]
70. 서편 [西便]
71. 산림 (산과 숲) [山林]
72. 병명 (병의 이름) [病名]
73. 상경 (서울로 올라감) [上京]

사자성어 문제(완성형) … 뜻을 참고하여 공부합시다.

74. 三(⑥位)一體 [位]
(삼위일체: 세 가지 것이 하나로 통일됨)
75. 安心立(⑤命) [命]
(안심입명: 편안한 마음으로 천명을 따름)
76. 百(⑦發)百中 [發]
(백발백중: 백번 쏘면 백번 다 맞음)
77. 野生動(⑩物) [物]
(야생동물: 들에서 사는 동물)

동음이의어 문제 … △같은 소리에 다른 뜻을 지닌 한자어.
△동음이의어 뜻을 비교해 봅시다.

①査사 ②停정 ③鼻비 ④無무 ⑤幅폭
⑥元원 ⑦調조 ⑧買매 ⑨倍배 ⑩奉봉

78. 願 원할 원 (⑥元) 으뜸 원
79. 寫 베낄 사 (①査) 조사 사
80. 情 뜻 정 (②停) 머무를 정

뜻풀이 문제 … 솔훈관계(우리말과 어순이 바뀜)

81. 愛族: (예족) 겨레를 사랑함
82. 利己: (이기) 자기를 이롭게 함
83. 救世: (구세) 세상을 구원함

약자 문제 … 정자와 약자를 다 익히도록 합시다.

84. 醫 (医)
85. 畫 (昼)
86. 學 (学)

유의자 문제(완성형) … 뜻을 생각해 봅시다.

87. 終 - (②末) 마칠종/끝말
88. 寒 - (①冷) 찰한/찰랭
89. 知 - (⑥識) 알지/알식

반대자 문제(완성형) … 뜻을 생각해 봅시다.

90. 夏 - (冬) 여름하/겨울동
91. 老 - (少) 늙을로/젊을소
92. 兄 - (弟) 형형/아우제

한자쓰기 문제 … 한획 한획 정확히 씁시다.

93. 머리 두 [頭]
94. 모일 회 [會]
95. 재주 술 [術]
96. 법도 도 [度] (헤아릴다)
97. 나타날 현 [現]

필순 문제 … 기본원칙에 따라 정확히 익힙니다.

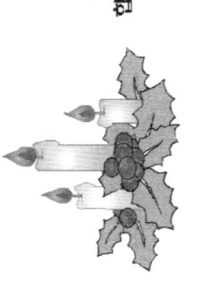

98. [필순] 一 冂 冂 曰 車 東 東 ⑥ 6번째
(세로획은 가로획을 먼저 쓰는 원칙)
99. [필순] 二 千 千 禾 禾 科 ② 2번째
(세로보다 가로획을 먼저 쓰는 원칙)
100. [필순] 一 十 耂 耂 孝 孝 孝 ⑦ 7번째
(세로획은 ㅣ은 나중에 쓰는 원칙)

第13回 한자능력검정시험(해답) 5급

(시험시간 : 50분)

독음 문제 … 독음받아쓰기에 주의합시다.

1. 農樂 [농악]
2. 親切 [친절]
3. 建物 [건물]
4. 時節 [시절]
5. 綠化 [녹화]
6. 賣店 [매점]
7. 通關 [통관]
8. 感傷 [감상]
9. 基地 [기지]
10. 操作 [조작]
11. 落島 [낙도]
12. 停會 [정회]
13. 氷板 [빙판]
14. 和答 [화답]
15. 調査 [조사]
16. 卒業 [졸업]
17. 觀賞 [관상]
18. 來週 [내주]
19. 順序 [순서]
20. 終止 [종지]
21. 鐵船 [철선]
22. 對質 [대질]
23. 歲費 [세비]
24. 獨唱 [독창]
25. 魚族 [어족]
26. 最初 [최초]
27. 옛날에는 집을 옮길 때 牛馬를 이용했었다.
28. 患者는 절대안정 해야 한다. [충당]
29. 수면제 과량 섭취는 致死에 이른다.
30. 발전된 도기를 原形 보존한다.
31. 아버지께서 한은으로 貯金을 해 오셨다.
32. 성공 사례를 듣고 감탄했다. [출타]
33. 미래를 위해서 積金을 해 오시다.
34. 貴重은 누를 끼쳐 죄송합니다. [귀중]
35. 특허 은해 배푸는 기친 일을 하였습니다. [특전]

훈음 문제 … 맞춤법에 주의합시다.

36. 惡 악할 악
37. 無 없을 무
38. 産 낳을 산
39. 買 살 매
40. 完 완전할 완
41. 兵 병사 병
42. 變 변할 변
43. 炭 숯 탄
44. 敗 패할 패
45. 技 재주 기
46. 凶 흉할 흉
47. 罪 허물 죄
48. 黑 검을 흑
49. 再 두 재
50. 兒 아이 아
51. 法 법 법
52. 選 가릴 선
53. 多 많을 다
54. 倍 곱 배
55. 去 갈 거
56. 奉 받들 봉
57.
58. 曜 빛날 요

단어 문제 … 뜻을 참고하여 공부합시다.

59. 頭目 (두목)
60. 注目 (주목)
61. 科目 (목적)

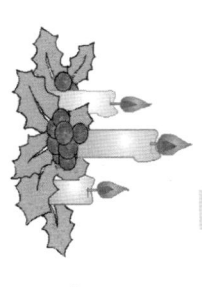
합격

59. 頭目 [日]
60. 빼회집은보다 시장이 좋다. [市場]
61. 체한속도 100km인 고속도로. [高速]
62. 성공 사례를 듣고 감탄했다. [事例]
63. 비행기가 공중에서 추락했다. [空中]
64. 순응회에서 청군이 승리했다. [勝利]

65. 남마다 신문을 자세히 읽는다. [新聞]
66. 오늘 회의는 주제는 무엇인가? [主題]
67. 나는 축구보다 야구를 좋아한다. [野球]
68. 분에는 식물하기에 좋은 계절이다. [植木]

단어 문제 … 뜻을 참고하여 공부합시다.

69. 청명 [淸明]
70. 단명 [短命]
71. 습자 [習字]
72. 동향 [動向]
73. 제일 [第一]

사자성어 문제 … 안성형

74. 安分(①知)足
75. (③三)十六計
76. 名山(⑤大)川
77. (⑧子)孫萬代

동음이의어 문제

78. 방학동안 위인 전기를 읽었다. [③傳記]
79. 일본 수상이 우리나라를 방문했다. [①首相]
80. 한자공부를 하면 사고력을 기운다. [②思考]

조어력 문제 … 수식관계얼에서 뒤를 만듭

81. 사립교육기관에 대한 (①學院)
82. 사회 공공(소)에 대한 약속(約) (①公約)
83. 직접(面) 선거인 뽑는(選) 일 … (②直選)

약자 문제

84. 區 (区)
85. 同 (仝)
86. 來 (来)

유의자 문제 … 안성형

87. 身 - (體)
88. 陸 - (海)

반대자 문제 … 안성형

89. 勞 - (使)
90. 冷 - (溫)

한자쓰기 문제

91. 도화 [圖畫]
92. 노사 [勞使]
93. 차례 빈 [番]
94. 병병 [病]
95. 일을 독 [讀]
96. 옷 복 [服]
97. 베 부 [部]

필순 문제 … 기본원칙에 따라 정확히 익힙시다.

98. 光 ⑥ 조주대칭은 가운데부터 쓰는 원칙. [필순] ① 1번째
99. 國 ⑥ 인을 다 쓰고 마지막에 닫는다. [필순] ⑪ 11번째
100. 考 ⑥ 인을 수입인 우리나라를 방문했다. [필순] ① 1번째

第14回 한자능력검정시험(해답) 5급

(시험시간 : 50분)

독음 문제 … "쑥" 일자다음자 · 두음법칙 주의합시다.

1. 不能 [불능]
2. 福音 [복음]
3. 具現 [구현]
4. 奉讀 [봉독]
5. 有能 [유능]
6. 産苦 [산고]
7. 發令 [발령]
8. 加熱 [가열]
9. 給料 [급료]
10. 落葉 [낙엽]
11. 分類 [분류]
12. 社屋 [사옥]
13. 交流 [교류]
14. 完全 [완전]
15. 着陸 [착륙]
16. 醫院 [의원]
17. 再建 [재건]
18. 原作 [원작]
19. 末路 [말로]
20. 最終 [최종]
21. 死亡 [사망]
22. 畫板 [화판]
23. 待望 [대망]
24. 病患 [병환]
25. 歲拜 [세배]
26. 凶惡 [흉악]
27. 그녀의 만남은 宿命이다. [숙명]
28. 명절에 여름 찾아뵈는 것도 孝道하는 것이다. [효도]
29. 그 소문은 實在 있는 이야기다. [실재]
30. 삼촌은 박사 學位 취득을 하였다. [학위]
31. 漁夫는 중요한 위치가 좋아. [어부]
32. 부산으로 海水浴 하러 가자. [해수욕]
33. 주지스님의 說法을 듣다. [설법]
34. 옛날에 人力車를 이용하여 이동하였다. [인력거]
35. 냉장고에도 장기간 보관하면 음식이 變質된다. [변질]

훈음 문제 … 맞춤법에 주의합시다.

36. 價 값 가
37. 雄 수컷 웅
38. 談 말씀 담
39. 則 법칙 칙
40. 牛 소 우
41. 件 물건 건
42. 雲 구름 운
43. 己 몸 기
44. 冷 찰 랭
45. 打 칠 타
46. 他 다를 타
47. 告 고할 고
48. 唱 부를 창
49. 壇 단 단
50. 賞 상줄 상
51. 領 거느릴 령
52. 當 마땅 당
53. 停 머무를 정
54. 草 풀 초
55. 勝 이길 승
56. 漢 한수 한
57. 朝 아침 조
58. 紙 종이 지

단어 문제 … 뜻을 참고하여 공부합시다.

59. 사계절 [春夏秋冬] (춘하추동 : 봄 · 여름 · 가을 · 겨울)
60. 두루두루 [東西南北] (동서남북)
61. 나는 중간 위치가 좋아. [中間] (중간 : 가운데)
62. 나는 반장이 하고 싶어. [班長] (반장 : 반에서 대표)
63. 옛날에는 초가가 많았다. [草家] (초가 : 풀로 이은 집)
64. 눈이 내리면 설화가 핀다. [雪花] (설화 : 눈꽃)
65. 축소된 지도를 그려 보자. [地圖] (지도 : 땅의 모습을 그린 그림)
66. 친구에게 매번 신세만 졌다. [每番] (매번 : 각각의 사례)
67. 초등학생 키가 成年들과 비슷하다. [成年] (성년 : 자기능이나 신체가 완전히 성숙한 나이)
68. 화장실을 옛날에는 변소라고 했다. [便所] (변소 : 대소변을 볼 수 있게 만들어 놓은 곳)

단어 문제 … 뜻을 참고하여 공부합시다.

69. 청풍 (맑은 바람) [淸風]
70. 유리 (이로움이 있음) [有利]
71. 농촌 (농사짓는 마을) [農村]
72. 자연 (스스로 생겨난 것) [自然]
73. 가수 (노래를 부르는 일을 직업으로 삼는 사람) [歌手]

사자성어 문제 (완성형) … 뜻을 생각해 공부합시다.

74. 不立(②文)字 (불립문자 : 문자를 세우지 않음 마음으로 전함)
75. (①知)行合一 (지행합일 : 아는 것과 행하는 것이 한결같아야 함)
76. 父傳(③子) (부전자전 : 대대로 아버지가 아들에게 전함)
77. (⑤太)古時代 (태고시대 : 아주 오랜 옛적)

동음이의어 문제 … ▷같은 소리로 다른 뜻을 지닌 한자어.
▷동음이의어는 뜻을 비교해 봅시다.

①赤적 ②億억 ③友우 ④節절 ⑤湖호
⑥擧거 ⑦許허 ⑧黑흑 ⑨效효 ⑩化화

78. 去갈 거 (⑥擧)들 거
79. 的 과녁 적 (①赤) 붉을 적
80. 切 끓을 절 (④節) 마디 절

뜻풀이 문제 … 주술관계(앞에서 뒤로 풀이)

81. 月明 : (월명) 달이 밝다.
82. 日出 : (일출) 산이 뜨다.
83. 山高 : (산고) 산이 높다.

약자 문제 … 정자와 약자를 다 익히도록 합시다.

84. 禮(礼) 85. 定(㝎) 86. 會(会)

유의자 문제 (완성형) … 뜻을 생각해 봅시다.

87. (④歷)史 (역사 : 지난 역사에서 내려온 내용)
88. 물품 (②物)-品
89. (③責)-任 (책임 : 무엇을 해야만 하는 의무)

반대자 문제 (완성형) … 뜻을 생각해 봅시다.

90. (内)-外 (내외 : 안과 밖)
91. 先-後 (선후 : 먼저와 이후)
92. 多-少 (다소 : 많음과 적음)

한자쓰기 문제 … 한회 정확히 익습니다.

93. 하여금 사 (使)
94. 장 (怨)
95. 사라질 소 (消)
96. 이름 호 (號)
97. 비로소 시 (始)

필순 문제 … 기본원칙에 따라 정확히 익힙니다.

98. 來 [필순] ⑥ 6번째
99. 左 [필순] ① 1번째
100. 右 [필순] ① 1번째

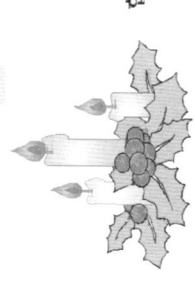

第15回 한자능력검정시험(해답) 5급

(시험시간 : 50분)

독음 문제 … 일자다음자·두음법칙 주의합시다.

1. 計畫 [계획]
2. 勞苦 [노고]
3. 美展 [미전]
4. 消費 [소비]
5. 擧手 [거수]
6. 鼻音 [비음]
7. 競馬 [경마]
8. 兵科 [병과]
9. 朝鮮 [조선]
10. 汽車 [기차]
11. 筆法 [필법]
12. 首席 [수석]
13. 使臣 [사신]
14. 良識 [양식]
15. 惡德 [악덕]
16. 要因 [요인]
17. 種別 [종별]
18. 必勝 [필승]
19. 板紙 [판지]
20. 親知 [친지]
21. 火災 [화재]
22. 童詩 [동시]
23. 初雪 [초설]
24. 落葉 [낙엽]
25. 安打 [안타]
26. 眞善 [진선]

독음 문제 … 맞춤법에 주의합시다.

36. 見 [볼 견]
37. 患 [근심 환]
38. 決 [결단할 결]
39. 序 [차례 서]
40. 末 [끝 말]
41. 亡 [망할 망]
42. 最 [가장 최]
43. 賣 [팔 매]
44. 重 [무거울 중]
45. 禮 [예도 례]
46. 旅 [나그네 려]
47. 原 [언덕 원]
48. 院 [집 원]
49. 畫 [그림 화]
50. 寒 [찰 한]
51. 河 [물 하]
52. 規 [법 규]
53. 健 [굳셀 건]
54. 念 [생각 념]
55. 示 [보일 시]
56. 操 [잡을 조]
57. 敗 [패할 패]
58. 卓 [높을 탁]

단어 문제 … 뜻을 참고하여 공부합시다.

59. 木(수) 旗(수) 水(수) 高(수) [手]

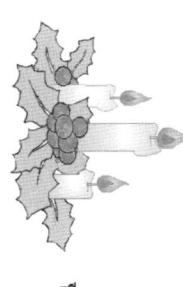
합 격

65. 병이 급속하게 악화 되었다. [急速]
66. 중동지역은 산유 산유국이다. [石油]
67. 명랑한 친구는 지적성이 좋다. [部分]
68. 부분 … (생략)

단어 문제 … 뜻을 참고하여 공부합시다.

69. 특급 (특별한 등급) [特級]
70. 작금 (어제와 오늘) [昨今]
71. 대리 (대신 다스림) [代理]
72. 신동 (재주와 지혜가 남달리 뛰어난 아이) [神童]
73. 신록 (새신록 풀잎 초목빛) [新綠]

사자성어 문제 … 뜻을 참고하여 공부합시다.

74. 世(① 界)平和
75. 四(③ 海)兄弟
76. 敵(⑦ 天)愛人
77. 不(⑨ 老)長生

동음이의어 문제 …

78. 경기 [競技] - [景氣]
79. 예능 [藝能] - [愛人]
80. 전력 [電力] - [全力]

유의자 문제 (앞성형) …

84. 氣(氣) - 動
85. 戰(戰) - 爭
86. 樂(樂) - 歌

반대자 문제 (앞성형) …

87. 運 - (動)
88. 樹 - 木
89. 部 - (服)

약자 문제 …

81. 獨(⑤ 獨)自
82. 貴中 (① 貴)中
83. 共産 (③ 共産)

한자쓰기 문제 …

90. 去 - 客
91. 主 - 主
92. 黑 - 白
93. 마실 음 [飮]
94. 기록할 기 [記]
95. 종이 지 [紙]
96. 몸 체 [體]
97. 의원 의 [醫]

필순 문제 …

98. ⓒ "그"을 먼저 쓰는 원칙 ③ 3번째 [필순]
99. ⓒ "ㄱ"을 먼저 쓰는 원칙 ⑥ 6번째 [필순]
100. ⓒ 정훈된 습관을 고치도록 ③ 3번째 [필순]

〔十二支_{십이지}〕 : 자축인묘진사오미신유술해

子[쥐 자]　丑[소 축]　寅[범 인]　卯[토끼묘]　辰[용 진]　巳[뱀 사]

午[말 오]　未[양 미]　申[원숭이신]　酉[닭 유]　戌[개 술]　亥[돼지해]

배정한자 및 중간점검용정답

5급 배정한자

①
加	더할 가
可	옳을 가
改	고칠 개
去	갈 거
擧	들 거
健	굳셀 건
件	물건 건
建	세울 건
輕	가벼울 경
競	다툴 경
景	별 경
固	굳을 고
考	생각할 고
曲	굽을 곡
橋	다리 교
救	구원할 구
貴	귀할 귀
規	법 규
給	줄 급
汽	물끓는김기
期	기약할 기
技	재주 기
吉	길할 길
壇	단 단
談	말씀 담

②
都	도읍 도
島	섬 도
落	떨어질 락
冷	찰 랭
量	헤아릴 량
領	거느릴 령
令	하여금 령
料	헤아릴 료
馬	말 마
末	끝 말
亡	망할 망
買	살 매
賣	팔 매
無	없을 무
倍	곱 배
費	쓸 비
比	견줄 비
鼻	코 비
氷	얼음 빙
寫	베낄 사
査	조사할 사
思	생각 사
賞	상줄 상
序	차례 서
選	가릴 선

③
船	배 선
善	착할 선
示	보일 시
案	책상 안
魚	고기 어
漁	고기잡을 어
億	억 억
熱	더울 열
葉	잎 엽
屋	집 옥
完	완전할 완
曜	빛날 요
浴	목욕할 욕
牛	소 우
雄	수컷 웅
院	집 원
原	언덕 원
願	원할 원
位	자리 위
耳	귀 이
因	인할 인
災	재앙 재
再	두 재
爭	다툴 쟁
貯	쌓을 저

④
赤	붉을 적
停	머무를 정
操	잡을 조
終	마칠 종
罪	허물 죄
止	그칠 지
唱	부를 창
鐵	쇠 철
初	처음 초
最	가장 최
祝	빌 축
致	이를 치
則	법칙 칙
他	다를 타
打	칠 타
卓	높을 탁
炭	숯 탄
板	널 판
敗	패할 패
河	물 하
寒	찰 한
許	허락 허
湖	호수 호
患	근심 환
黑	검을 흑

5급Ⅱ 배정한자

①
價	값 가
客	손 객
格	격식 격
見	볼 견
決	결단할 결
結	맺을 결
敬	공경 경
告	고할 고
課	공부할 과
過	지날 과
關	관계할 관
觀	볼 관
廣	넓을 광
具	갖출 구
舊	예 구
局	판 국
己	몸 기
基	터 기
念	생각 념
能	능할 능
團	둥글 단
當	마땅 당
德	큰 덕
到	이를 도
獨	홀로 독

②
朗	밝을 랑
良	어질 량
旅	나그네 려
歷	지날 력
練	익힐 련
勞	일할 로
類	무리 류
流	흐를 류
陸	물 륙
望	바랄 망
法	법 법
變	변할 변
兵	병사 병
福	복 복
奉	받들 봉
史	사기 사
士	선비 사
仕	섬길 사
産	낳을 산
相	서로 상
商	장사 상
鮮	고울 선
仙	신선 선
說	말씀 설
性	성품 성

③
洗	씻을 세
歲	해 세
束	묶을 속
首	머리 수
宿	잘 숙
順	순할 순
識	알 식
臣	신하 신
實	열매 실
兒	아이 아
惡	악할 악
約	맺을 약
養	기를 양
要	요긴할 요
友	벗 우
雨	비 우
雲	구름 운
元	으뜸 원
偉	클 위
以	써 이
任	맡길 임
材	재목 재
財	재물 재
的	과녁 적
典	법 전

④
傳	전할 전
展	펼 전
切	끊을 절
節	마디 절
店	가게 점
情	뜻 정
調	고를 조
卒	마칠 졸
種	씨 종
週	주일 주
州	고을 주
知	알 지
質	바탕 질
着	붙을 착
參	참여할 참
責	꾸짖을 책
充	채울 충
宅	집 택
品	물건 품
必	반드시 필
筆	붓 필
害	해할 해
化	될 화
效	본받을 효
凶	흉할 흉

6급 배정한자

①
感	느낄 감
強	강할 강
開	열 개
京	서울 경
苦	쓸 고
古	예 고
交	사귈 교
區	구분할 구
郡	고을 군
近	가까울 근
根	뿌리 근
級	등급 급
多	많을 다
待	기다릴 대
度	법도 도
頭	머리 두
例	법식 례
禮	예도 례
路	길 로

②
綠	푸를 록
李	오얏 리
目	눈 목
米	쌀 미
美	아름다울 미
朴	성 박
番	차례 번
別	다를 별
病	병 병
服	옷 복
本	근본 본
死	죽을 사
使	하여금 사
石	돌 석
席	자리 석
速	빠를 속
孫	손자 손
樹	나무 수
習	익힐 습

배정한자 및 중간점검용정답

6급 배정한자

③
勝 이길 승 / 式 법 식 / 失 잃을 실 / 愛 사랑 애 / 野 들 야 / 夜 밤 야 / 陽 볕 양 / 洋 큰바다 양 / 言 말씀 언 / 永 길 영 / 英 꽃부리 영 / 溫 따뜻할 온 / 園 동산 원 / 遠 멀 원 / 油 기름 유 / 由 말미암을 유 / 銀 은 은 / 衣 옷 의 / 醫 의원 의

④
者 놈 자 / 章 글 장 / 在 있을 재 / 定 정할 정 / 朝 아침 조 / 族 겨레 족 / 晝 낮 주 / 親 친할 친 / 太 클 태 / 通 통할 통 / 特 특별할 특 / 合 합할 합 / 行 다닐 행 / 向 향할 향 / 號 이름 호 / 畫 그림 화 / 黃 누를 황 / 訓 가르칠 훈 △

6급II 배정한자

①
各 각각 각 / 角 뿔 각 / 計 셀 계 / 界 지경 계 / 高 높을 고 / 功 공 공 / 公 공평할 공 / 共 한가지 공 / 科 과목 과 / 果 실과 과 / 光 빛 광 / 球 공 구 / 今 이제 금 / 急 급할 급 / 短 짧을 단 / 堂 집 당 / 代 대신 대 / 對 대할 대 / 圖 그림 도

②
讀 읽을 독 / 童 아이 동 / 等 무리 등 / 樂 즐길 락 / 利 이할 리 / 理 다스릴 리 / 明 밝을 명 / 聞 들을 문 / 班 나눌 반 / 反 돌아올 반 / 半 반 반 / 發 필 발 / 放 놓을 방 / 部 나눌 부 / 分 나눌 분 / 社 모일 사 / 書 글 서 / 線 줄 선 / 雪 눈 설

③
省 살필 성 / 成 이룰 성 / 消 사라질 소 / 術 재주 술 / 始 비로소 시 / 神 귀신 신 / 身 몸 신 / 信 믿을 신 / 新 새 신 / 藥 약 약 / 弱 약할 약 / 業 업 업 / 勇 날랠 용 / 用 쓸 용 / 運 옮길 운 / 飲 마실 음 / 音 소리 음 / 意 뜻 의 / 昨 어제 작

④
作 지을 작 / 才 재주 재 / 戰 싸울 전 / 庭 뜰 정 / 題 제목 제 / 第 차례 제 / 注 부을 주 / 集 모을 집 / 窓 창 창 / 淸 맑을 청 / 體 몸 체 / 表 겉 표 / 風 바람 풍 / 幸 다행 행 / 現 나타날 현 / 形 모양 형 / 和 화할 화 / 會 모일 회 △

7급, 7급II, 8급 배정한자

▷7급◁

①
歌 노래 가 / 口 입 구 / 旗 기 기 / 冬 겨울 동 / 洞 골 동 / 同 한가지 동 / 登 오를 등 / 來 올 래 / 老 늙을 로 / 里 마을 리 / 林 수풀 림 / 面 낯 면 / 命 목숨 명

②
文 글월 문 / 問 물을 문 / 百 일백 백 / 夫 지아비 부 / 算 셈 산 / 色 빛 색 / 夕 저녁 석 / 所 바 소 / 少 적을 소 / 數 셈 수 / 植 심을 식 / 心 마음 심 / 語 말씀 어

③
然 그럴 연 / 有 있을 유 / 育 기를 육 / 邑 고을 읍 / 入 들 입 / 字 글자 자 / 祖 할아비 조 / 住 살 주 / 主 주인 주 / 重 무거울 중 / 地 땅 지 / 紙 종이 지

川 내 천

④
千 일천 천 / 天 하늘 천 / 草 풀 초 / 村 마을 촌 / 秋 가을 추 / 春 봄 춘 / 出 날 출 / 便 편할 편 / 夏 여름 하 / 花 꽃 화 / 休 쉴 휴

▷7급II◁

①
家 집 가 / 間 사이 간 / 江 강 강 / 車 수레 거 / 空 빌 공 / 工 장인 공 / 記 기록할 기 / 氣 기운 기 / 男 사내 남 / 內 안 내 / 農 농사 농 / 答 대답 답

②
道 길 도 / 動 움직일 동 / 力 힘 력 / 立 설 립 / 每 매양 매 / 名 이름 명 / 物 물건 물 / 方 모 방 / 不 아닐 불 / 事 일 사 / 上 윗 상 / 姓 성 성

③
世 인간 세 / 手 손 수 / 時 때 시 / 市 저자 시 / 食 먹을 식 / 安 편안 안 / 午 낮 오 / 右 오른 우 / 自 스스로 자 / 子 아들 자 / 場 마당 장 / 電 번개 전 / 前 앞 전 / 全 온전 전

④
正 바를 정 / 足 발 족 / 左 왼 좌 / 直 곧을 직 / 平 평평할 평 / 下 아래 하 / 漢 한수 한 / 海 바다 해 / 話 말씀 화 / 活 살 활 / 孝 효도 효 / 後 뒤 후

▷8급◁

①
敎 가르칠 교 / 校 학교 교 / 九 아홉 구 / 國 나라 국 / 軍 군사 군 / 金 쇠 금 / 南 남녘 남 / 女 계집 녀 / 年 해 년 / 大 큰 대 / 東 동녘 동

六 여섯 륙 / 萬 일만 만

②
母 어미 모 / 木 나무 목 / 門 문 문 / 民 백성 민 / 白 흰 백 / 父 아비 부 / 北 북녘 북 / 四 넉 사 / 山 메 산 / 三 석 삼 / 生 날 생 / 西 서녘 서 / 先 먼저 선

③
小 작을 소 / 水 물 수 / 室 집 실 / 十 열 십 / 五 다섯 오 / 王 임금 왕 / 外 바깥 외 / 月 달 월 / 二 두 이 / 人 사람 인 / 日 날 일 / 長 긴 장

④
弟 아우 제 / 中 가운데 중 / 靑 푸를 청 / 寸 마디 촌 / 七 일곱 칠 / 土 흙 토 / 八 여덟 팔 / 學 배울 학 / 韓 나라 한 / 兄 형 형 / 火 불 화

기출예상문제정답

5급 [가]

#	답	#	답
1	객실	51	나눌 분
2	선임	52	씨 종
3	교구	53	눈 설
4	중성	54	관계할 관
5	만세	55	옷 의
6	목재	56	신선 선
7	과장	57	볼견/뵈올 현
8	유해	58	이룰 성
9	이후	59	感氣
10	본질	60	風習
11	신념	61	每月
12	전망	62	交通
13	필연	63	外出
14	효과	64	地下
15	강호	65	入場
16	봉사	66	自身
17	석탄	67	行事
18	참가	68	記者
19	운하	69	特別
20	등수	70	電話
21	최단	71	市內
22	주제	72	大會
23	대표	73	家族
24	합창	74	各
25	경기	75	目
26	매매	76	朝
27	관광	77	昨
28	동기	78	英
29	세수	79	古/昔
30	개발	80	直
31	도덕	81	始
32	공로	82	⑦
33	주택	83	⑤
34	창구	84	⑧
35	단결	85	④
36	도읍 도	86	⑤
37	처음 초	87	②
38	법 전	88	⑥
39	고할 고	89	③
40	글 서	90	①
41	물건 물	91	⑤
42	선비 사	92	서로아는사이
43	반 반	93	떨어진나뭇잎
44	마실 음	94	이름난곳
45	놓을 방	95	対
46	정할 정	96	号
47	베낄 사	97	区
48	아이 동	98	④
49	순할 순	99	③
50	뜻 정	100	④

5급 [나]

#	답	#	답
1	효과	51	더울 열
2	실패	52	빠를 속
3	경기	53	밝을 랑
4	건아	54	구원할 구
5	고안	55	조사할 사
6	최선	56	과녁 적
7	약속	57	호수 호
8	선수	58	공경 경
9	독도	59	空氣
10	규칙	60	每日
11	요망	61	計算
12	졸업	62	孝道
13	상담	63	市場
14	결실	64	世界
15	주야	65	新聞
16	재건	66	男女
17	가격	67	室內
18	충당	68	校長
19	개량	69	出入
20	원인	70	青年
21	통고	71	兄弟
22	관심	72	春秋
23	영웅	73	東西
24	역사	74	堂
25	낙법	75	感
26	종류	76	幸
27	구교	77	強
28	광야	78	路
29	한해	79	近
30	허가	80	直
31	성품	81	合
32	도착	82	②
33	식별	83	⑦
34	연습	84	⑤
35	조절	85	④
36	바탕 질	86	②
37	널 판	87	④
38	근심 환	88	①
39	판 국	89	⑥⑦
40	일할 로	90	①⑨
41	빛날 요	91	④⑩
42	베낄 사	92	오래된나무
43	꾸짖을 책	93	고기를기름
44	둥글 단	94	멎거나그침
45	쌓을 적	95	学
46	받들 봉	96	医
47	헤아릴 료	97	図
48	칠 타	98	③
49	나타날 현	99	⑤
50	가벼울 경	100	③

5급 [다]

#	답	#	답
1	품질	51	착할 선
2	병원	52	쌓을 저
3	최근	53	성품 성
4	수량	54	지날 력
5	개량	55	마칠 졸
6	경기	56	고울 선
7	가격	57	목욕할 욕
8	전설	58	묶을 속
9	주야	59	每年
10	연습	60	正直
11	지식	61	道路
12	영해	62	動物
13	안내	63	南北
14	육상	64	父母
15	변화	65	兄弟
16	효과	66	計算
17	재산	67	平和
18	책임	68	朝夕
19	구급	69	登山
20	어구	70	農村
21	축복	71	場所
22	도착	72	草木
23	필요	73	生活
24	과거	74	根
25	철판	75	理
26	허가	76	勝
27	순서	77	童
28	열망	78	速
29	규칙	79	新
30	건아	80	自
31	단결	81	有
32	낙엽	82	⑥
33	관객	83	①
34	봉사	84	②
35	종류	85	⑧
36	찰한	86	⑥
37	재앙 재	87	④
38	원할 원	88	②
39	씻을 세	89	⑨⑩
40	다리 교	90	②⑫
41	홀로 독	91	①⑦
42	줄 급	92	①
43	무릎 정	93	⑤
44	큰 덕	94	③
45	근심 환	95	战/戦
46	일할 로	96	発
47	높을 탁	97	気
48	호수 호	98	⑥
49	잡을 조	99	④
50	이를 치	100	④

5급 [라]

#	답	#	답
1	허가	51	홀로 독
2	참전	52	반드시 필
3	위대	53	뜻 정
4	선결	54	재목 재
5	건승	55	칠 타
6	단결	56	맡길 임
7	사실	57	벗 우
8	품격	58	근심 환
9	과거	59	冬服
10	덕업	60	父親
11	신선	61	十長生
12	책망	62	禮物
13	출산	63	對話
14	신선	64	老人
15	성패	65	生命
16	자활	66	公明
17	기운	67	軍番
18	사관	68	綠色
19	필순	69	道理
20	거마비	70	算術
21	저금	71	農村
22	약속	72	信用
23	도시	73	行間
24	약효	74	聞
25	고가	75	弟
26	목적	76	園
27	옥외	77	速
28	엽서	78	幸
29	말기	79	溫
30	적화	80	使
31	변절	81	始
32	욕실	82	⑦
33	우천	83	③
34	영웅	84	⑥
35	육지	85	⑤
36	말씀 담	86	④
37	붙을 착	87	②
38	해할 해	88	③
39	생각 념	89	②
40	집 당	90	⑥
41	얼음 빙	91	⑤
42	생각 사	92	원인과결과
43	부를 창	93	아이를기름
44	세울 건	94	가장좋음
45	더할 가	95	号
46	섬 도	96	楽
47	지날 력	97	区
48	흐를 류	98	④
49	찰 한	99	⑤
50	머리 수	100	⑨

그동안 갈고 닦은 實力을
유감없이 발휘하여
좋은 성적 거두시길 기원합니다.

盡人事待天命